003 반 고흐

들어가는 글

디지털 이미지의 홍수 속에 살고 있습니다. 그 이미지들은 순간순간 지나치며 재빨리 변해버리는 허상이기에 눈과 마음이 머무를 여지나 깊이 새길 가치가 없는 게 대부분입니다. 공해처럼 쏟아져 들어오는 이미지들 속에서 우리는 좋고 나쁜 것에 대한 판단력도, 기억력도 점점 잃어가고 무뎌진 눈만 껌뻑일 뿐입니다.

여기, 전 세계의 아름다운 명화들을 꺼내온 것은 그 때문입니다. 지치고 피로한 몸과 영혼에 신선한 숨을 불어넣는 게 예술의 한 역할일 테니까요. 그리고 한 작품 한 작품을 좀 더 오래 들여다보도록 '틀린 그림 찾기'라는 재미있는 방법을 도입했습니다. 남녀노소 누구나 할 수 있는 이 쉬운 놀이는 최고의 두뇌 트레이닝 방법입니다. 틀린 부분을 찾으려 그림을 자세히 보는 동안 관찰력, 집중력, 기억력을 활발히 이용해야 하거든요.

네덜란드의 인상주의 화가 빈센트 반 고흐의 대표작 30점을 선정했습니다. 우리에게 너무도 익숙한 해바라기, 별이 빛나는 밤, 자화상 등을 연대순으로 배열해 고흐의 화법이 변화하고 발전해가는 것을 살피고, 작품들과 관련해 동생 테오와 주고받은 편지를 그림 설명에 실어 고흐의 예술 세계를 한눈에 조망할 수 있도록 구성했습니다. 고흐는 이십대 후반에 화가로서의 삶을 시작해, 서른일곱 나이로 삶을 마감하기까지 십여 년 동안 2천여 점에 달하는 작품을 남겼습니다. 고흐의 기운과 에너지가 가득한 붓을 따라 흥미진진한 틀린 그림 찾기를 해보세요. 예술을 향한 그의 무한한 열정과 진지함이 함께 느껴질 거예요!

원작은 왼쪽에, 틀린 그림은 오른쪽에 배치했으니, 두 그림을 오가며 틀린 부분들을 찾아보세요. 틀린 그림은 5개, 10개, 15개씩 숨어 있습니다. 어떤 것은 눈에 바로 띄기도 하고 어떤 것은 기상천외한 방법으로 숨겨져 있어, 모두 다 찾고 나면 뿌듯한 성취감마저 느껴질 것입니다.

'명화 속 틀린 그림 찾기'는 재미있는 놀이입니다. 한번 시작하면 멈추지 못하고 빠져버리는 흥미진진한 놀이입니다. 두뇌와 감성이 동시에 자극되는 유익한 놀이입니다. 예술의 힘이 발현되는 창조적인 놀이입니다. 메마른 일상의 더께를 걷어내 주는, 오늘날에 딱 맞는 놀이입니다.

차례

들어가는 글 ... 2	해바라기 / 빈센트 반 고흐 ... 36
감자 먹는 사람들 / 빈센트 반 고흐 ... 4	귀에 붕대를 감은 자화상 / 빈센트 반 고흐 ... 38
카페에서: 탕부랭 카페의 주인 아고스티나 세가토리 / 빈센트 반 고흐 ... 6	귀에 붕대를 감고 파이프를 문 자화상 / 빈센트 반 고흐 ... 40
연인들이 있는 정원: 생피에르 광장 / 빈센트 반 고흐 ... 8	조제프 룰랭의 초상 / 빈센트 반 고흐 ... 42
탕기 영감 / 빈센트 반 고흐 ... 10	붓꽃 / 빈센트 반 고흐 ... 44
매화꽃이 핀 과수원(히로시게 모사화) / 빈센트 반 고흐 ... 12	별이 빛나는 밤 / 빈센트 반 고흐 ... 46
아를의 다리(랑글루아 다리) / 빈센트 반 고흐 ... 14	사이프러스가 있는 밀밭 / 빈센트 반 고흐 ... 48
수확 / 빈센트 반 고흐 ... 16	생레미 병원의 정원 / 빈센트 반 고흐 ... 50
밤의 카페 / 빈센트 반 고흐 ... 18	휴식(밀레 모사화) / 빈센트 반 고흐 ... 52
노란 집(거리) / 빈센트 반 고흐 ... 20	아몬드 꽃 / 빈센트 반 고흐 ... 54
별이 빛나는 밤 / 빈센트 반 고흐 ... 22	프로방스의 밤 시골길 / 빈센트 반 고흐 ... 56
씨 뿌리는 사람 / 빈센트 반 고흐 ... 24	폴 가셰 박사 / 빈센트 반 고흐 ... 58
아를 근교의 붉은 포도밭 / 빈센트 반 고흐 ... 26	오베르쉬르우아즈의 교회 / 빈센트 반 고흐 ... 60
에텐 정원의 추억(아를의 여인들) / 빈센트 반 고흐 ... 28	까마귀 나는 밀밭 / 빈센트 반 고흐 ... 62
고갱의 의자 / 빈센트 반 고흐 ... 30	틀린 그림들 ... 64
고흐의 의자 / 빈센트 반 고흐 ... 32	
아를의 무도회장 / 빈센트 반 고흐 ... 34	

15

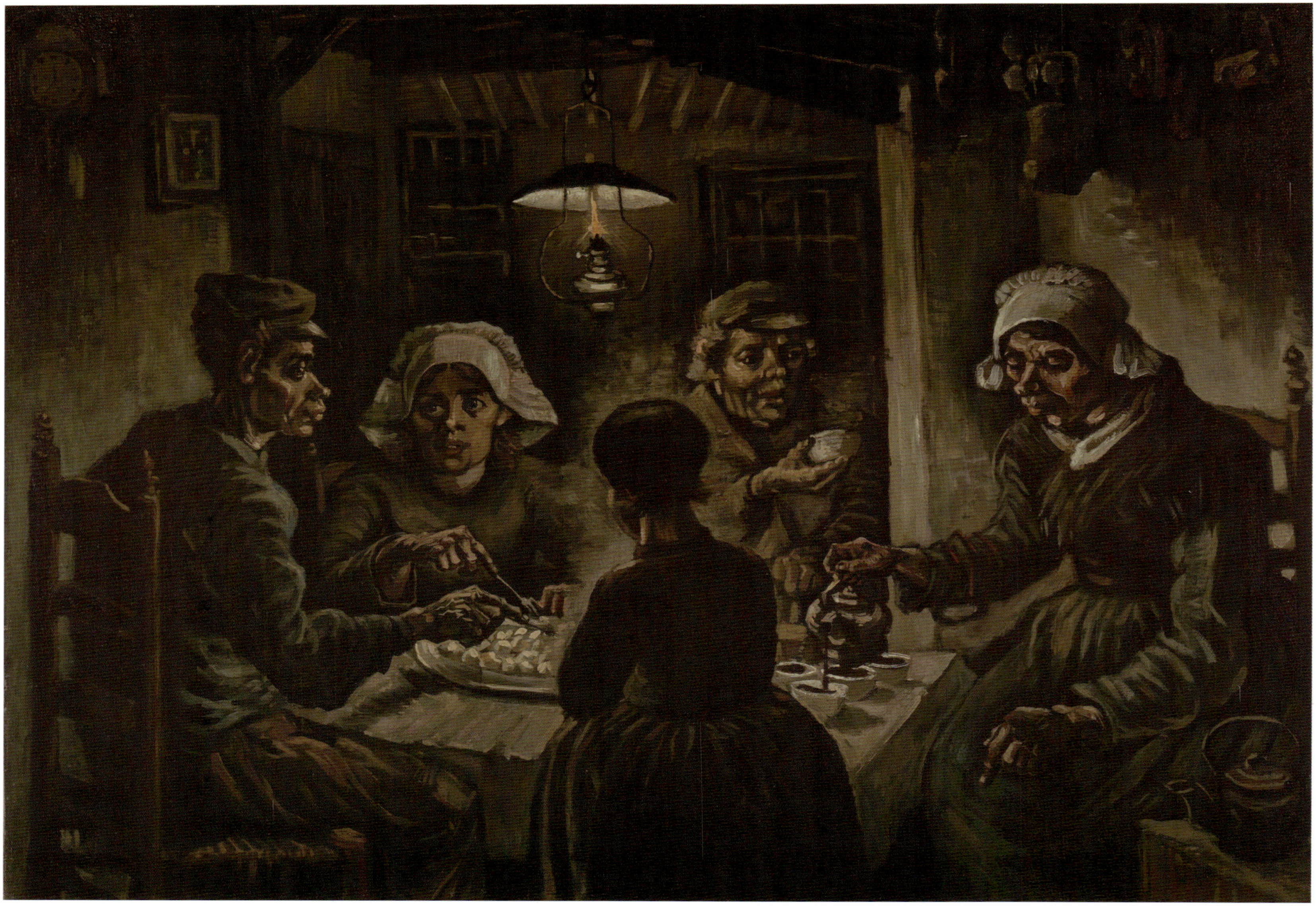

감자 먹는 사람들

빈센트 반 고흐
누에넨, 1885년, 캔버스에 유채, 82×114cm, 반 고흐 미술관, 암스테르담

15

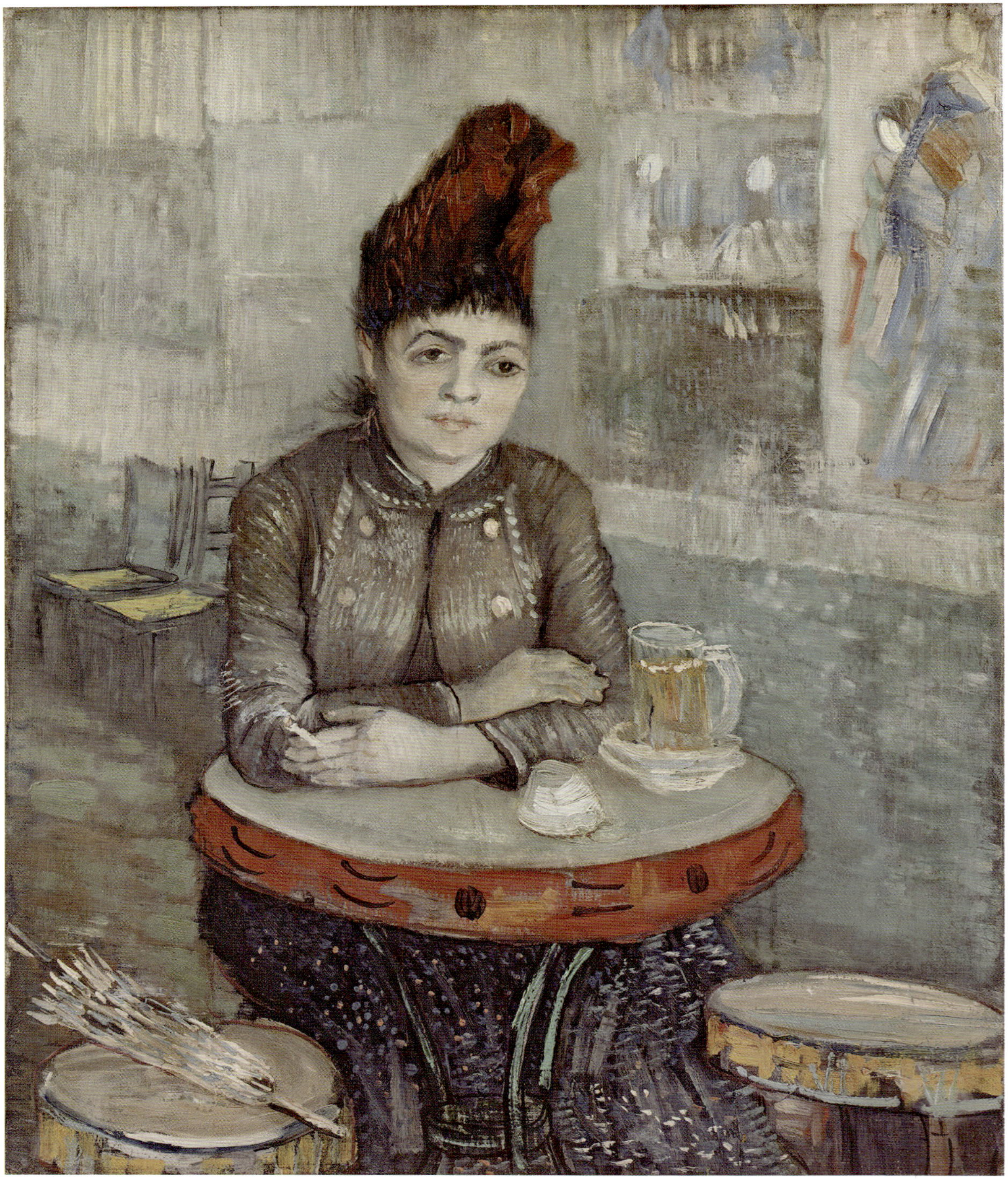

카페에서: 탕부랭 카페의 주인 아고스티나 세가토리

빈센트 반 고흐
파리, 1887년 1-3월, 캔버스에 유채, 55.5×47cm, 반 고흐 미술관, 암스테르담

연인들이 있는 정원: 생피에르 광장
빈센트 반 고흐
파리, 1887년 5월, 캔버스에 유채, 75×113cm, 반 고흐 미술관, 암스테르담

15

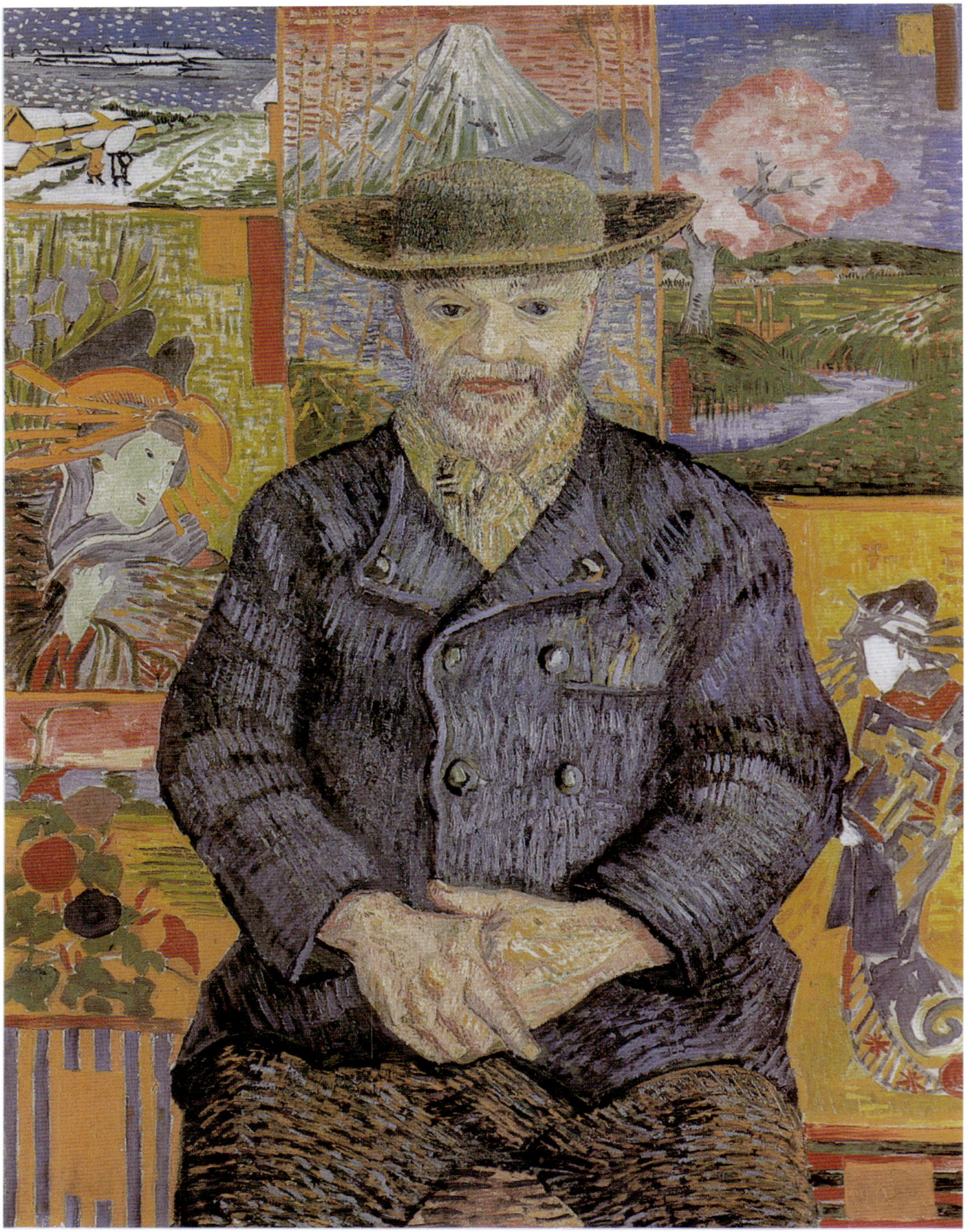

탕기 영감

빈센트 반 고흐

파리, 1887년, 캔버스에 유채, 92×75cm, 로댕 미술관, 파리

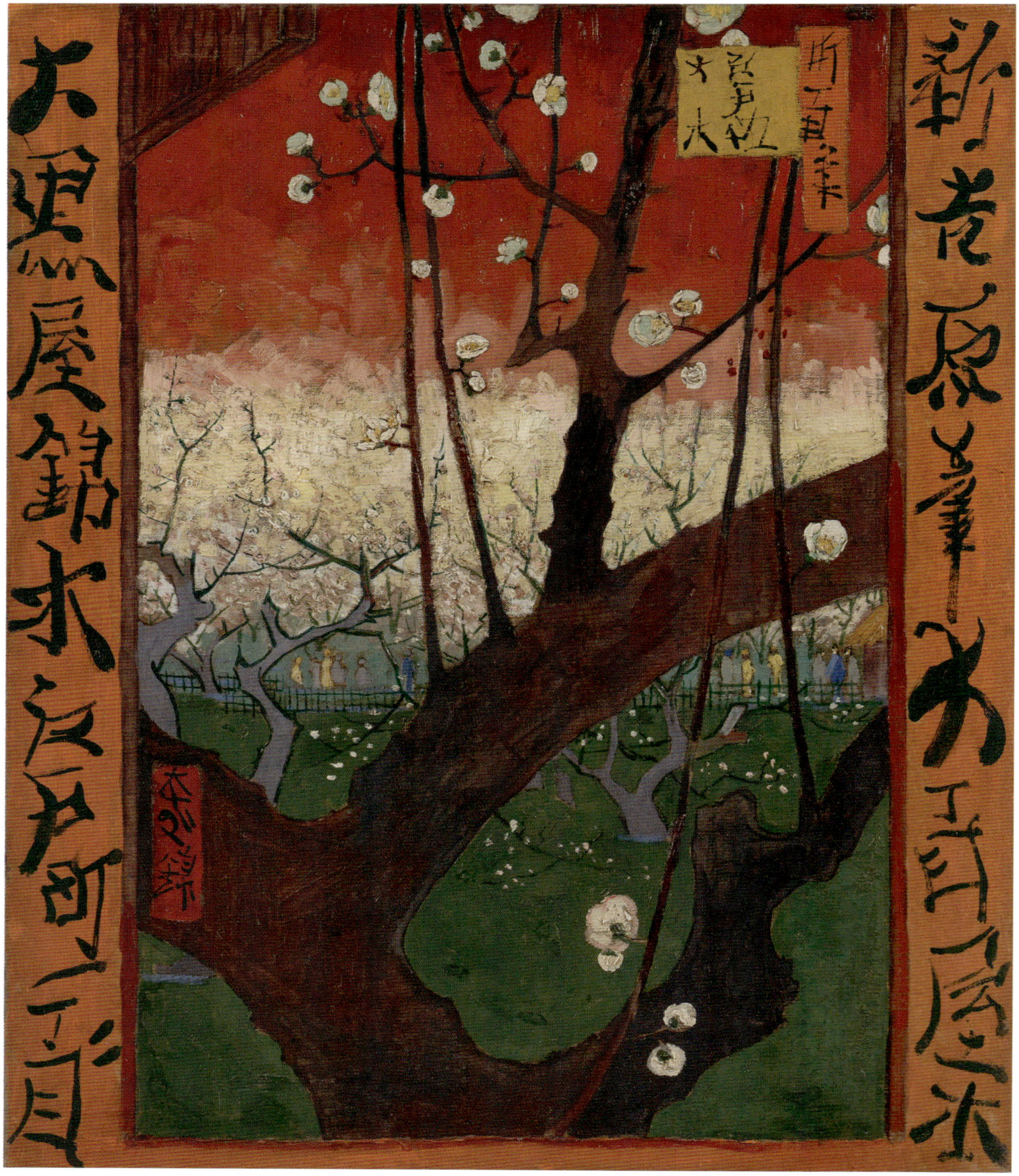

매화꽃이 핀 과수원 (히로시게 모사화)
빈센트 반 고흐
파리, 1887년 10-11월, 캔버스에 유채, 55.6×46.8cm, 반 고흐 미술관, 암스테르담

아를의 다리(랑글루아 다리)
빈센트 반 고흐
아를, 1888년 3월 중순, 캔버스에 유채, 54×65cm, 크뢸러뮐러 미술관, 오테를로

15

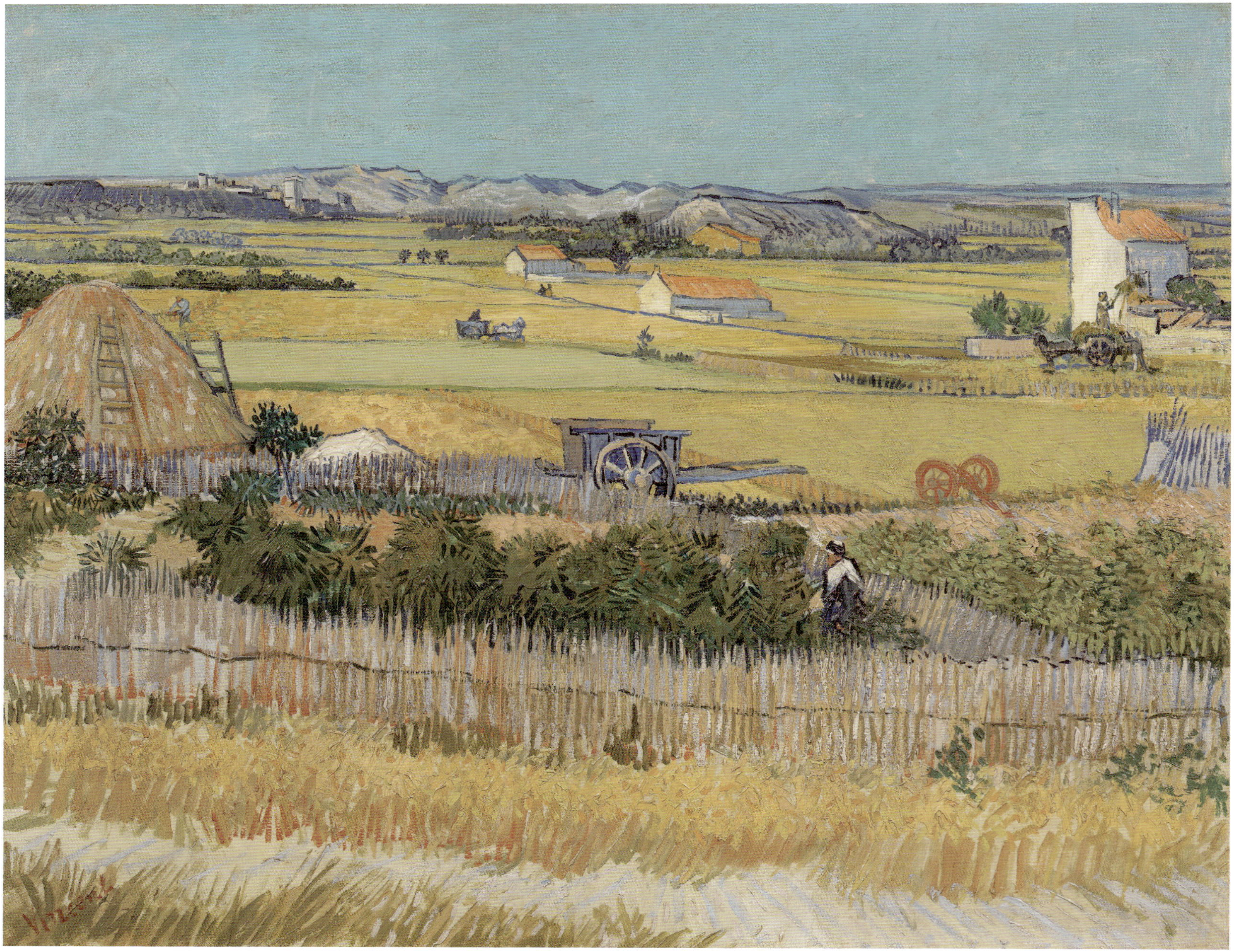

수확

빈센트 반 고흐
아를, 1888년 6월, 캔버스에 유채, 73.4×91.8cm, 반 고흐 미술관, 암스테르담

밤의 카페
빈센트 반 고흐
아를, 1888년 9월, 캔버스에 유채, 72.4×92.1cm, 예일 대학 미술관

노란 집(거리)
빈센트 반 고흐
아를, 1888년 9월, 캔버스에 유채, 72×91.5cm, 반 고흐 미술관, 암스테르담

별이 빛나는 밤
빈센트 반 고흐
아를, 1888년, 캔버스에 유채, 72.5×92cm, 오르세 미술관, 파리

씨 뿌리는 사람
빈센트 반 고흐
아를, 1888년 11월, 캔버스에 유채, 32.5×40.3cm, 반 고흐 미술관, 암스테르담

아를 근교의 붉은 포도밭
빈센트 반 고흐
아를, 1888년 11월, 캔버스에 유채, 75×93cm, 푸시킨 미술관, 모스크바

15

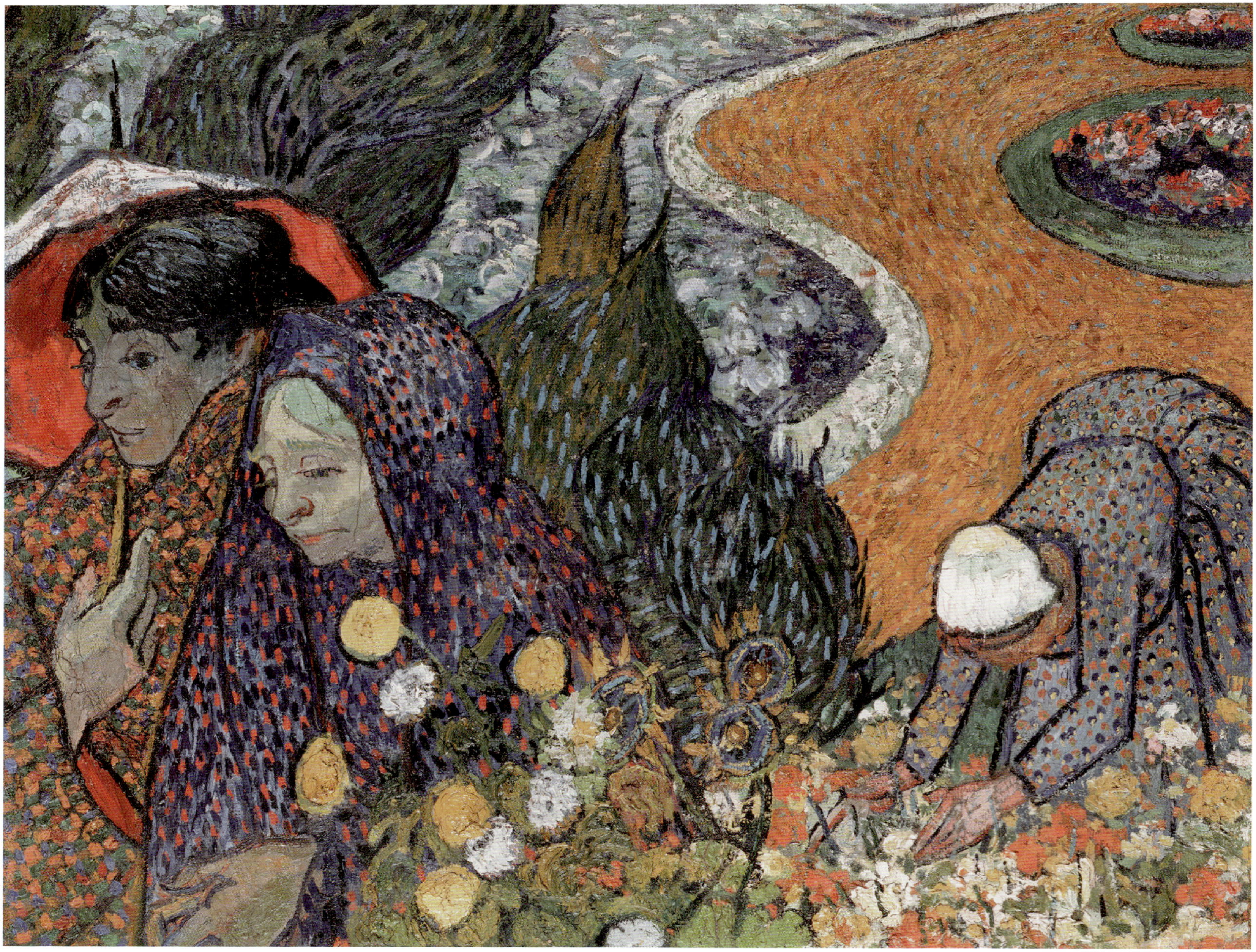

에텐 정원의 추억(아를의 여인들)

빈센트 반 고흐
아를, 1888년 11월, 캔버스에 유채, 73×92cm, 예르미타시 미술관, 상트페테르부르크

10

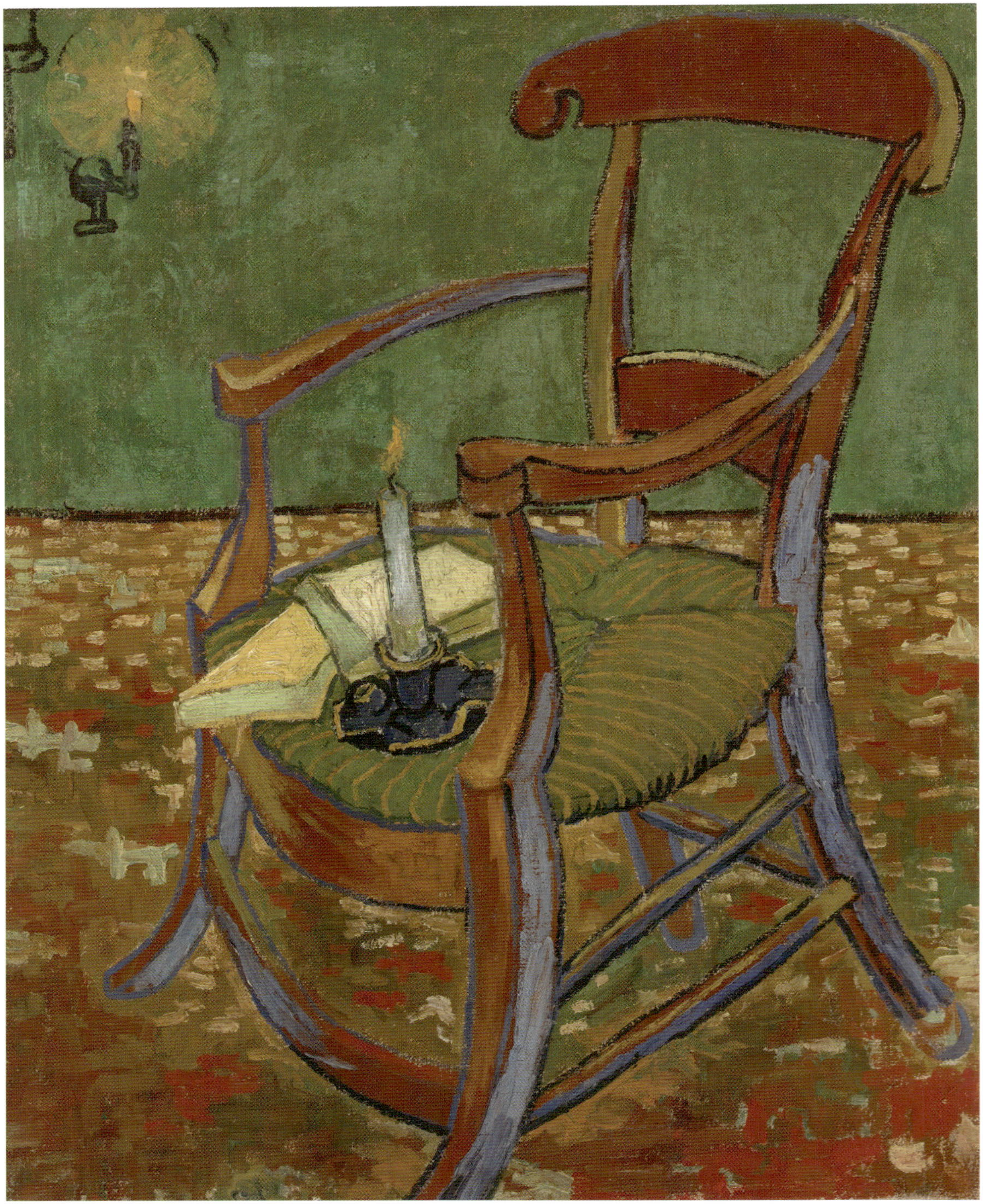

고갱의 의자

빈센트 반 고흐

아를, 1888년 11월, 캔버스에 유채, 90.5×72.7cm, 반 고흐 미술관, 암스테르담

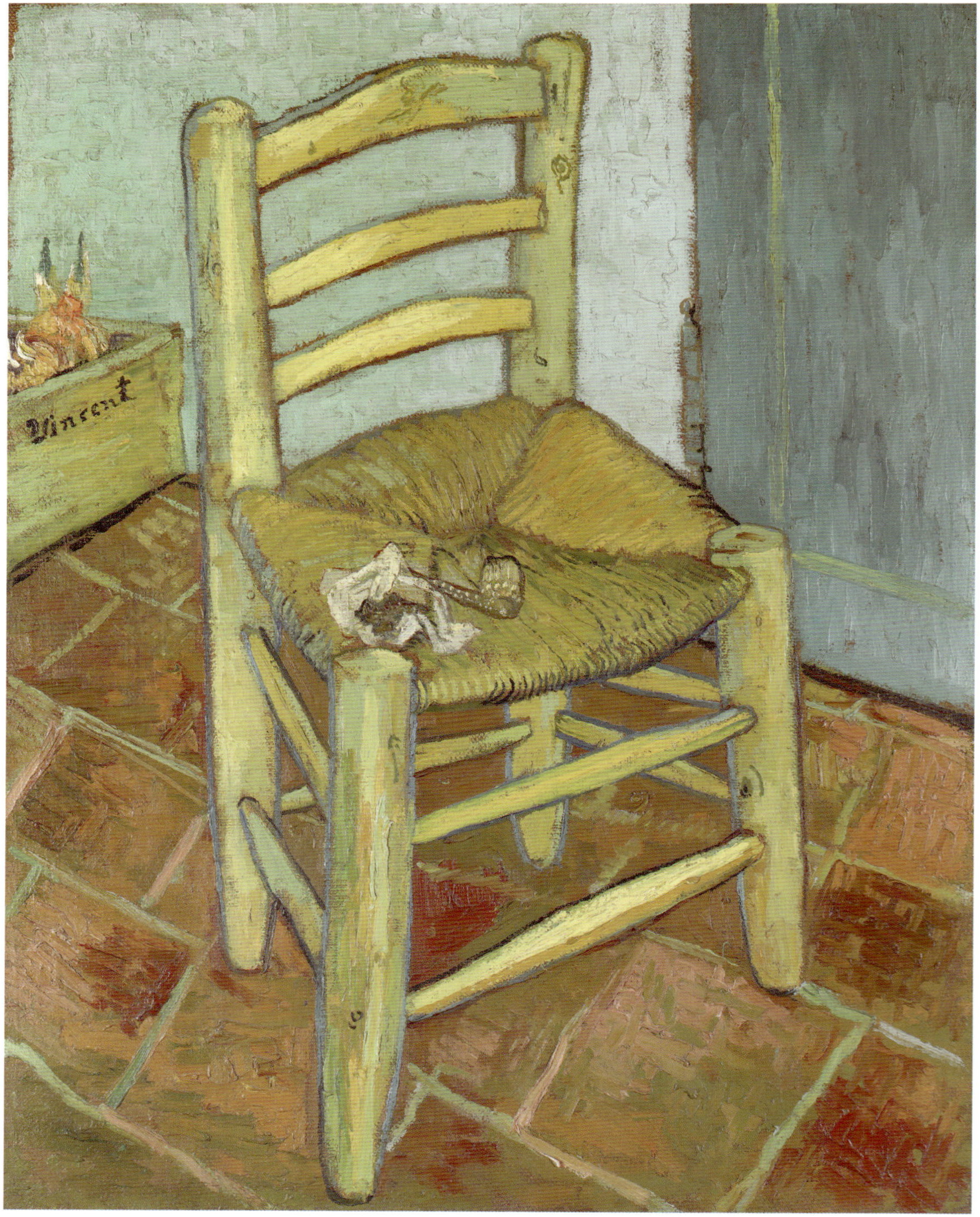

고흐의 의자
빈센트 반 고흐
아를, 1888-1889년, 캔버스에 유채, 91.8×73cm, 런던 내셔널 갤러리

15

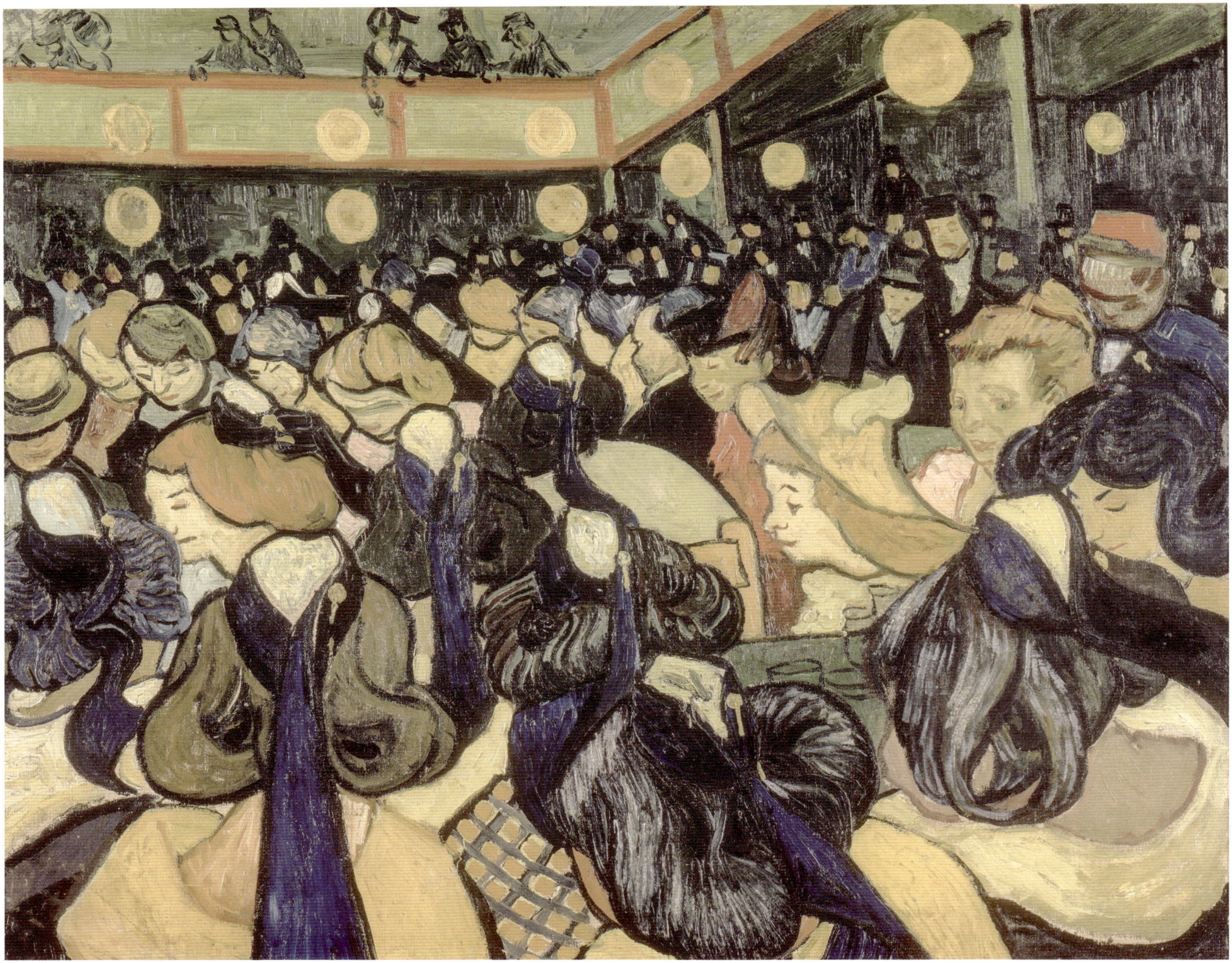

아를의 무도회장

빈센트 반 고흐
아를, 1888년 12월, 캔버스에 유채, 65×81cm, 오르세 미술관, 파리

10

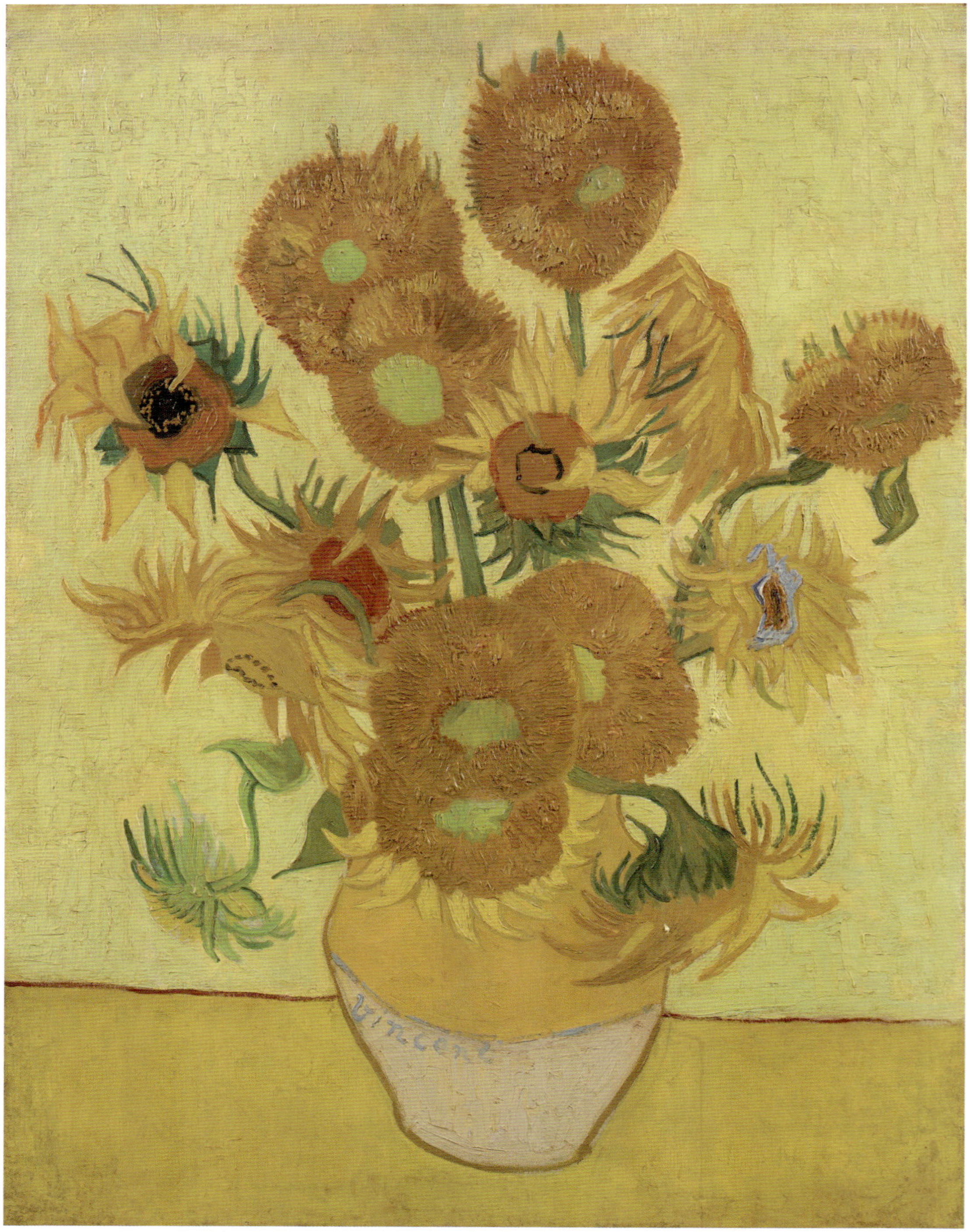

해바라기

빈센트 반 고흐

아를, 1889년 1월, 캔버스에 유채, 95×73cm, 반 고흐 미술관, 암스테르담

10

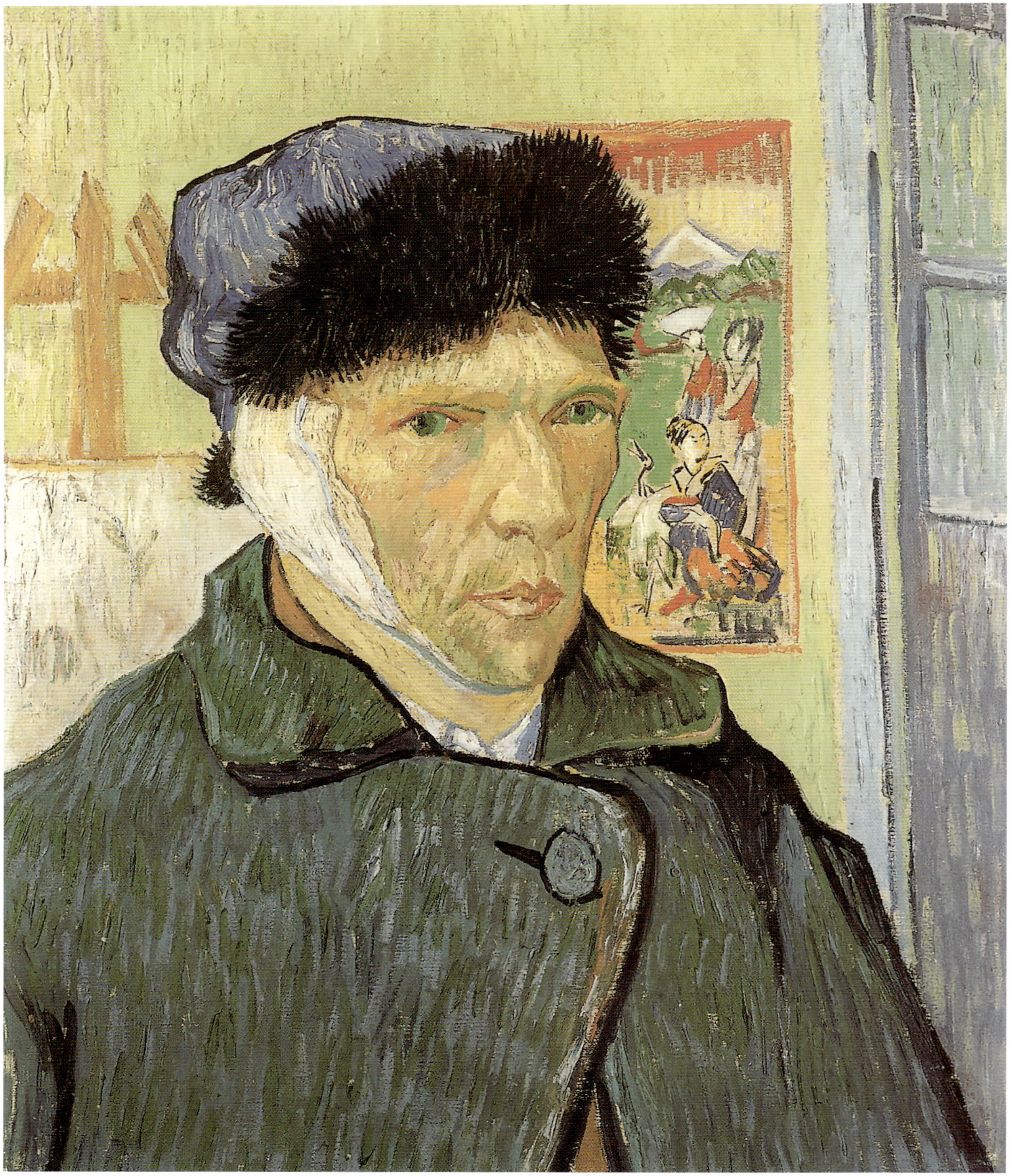

귀에 붕대를 감은 자화상

빈센트 반 고흐

아를, 1889년, 캔버스에 유채, 60.5×50cm, 코톨드 미술관, 런던

10

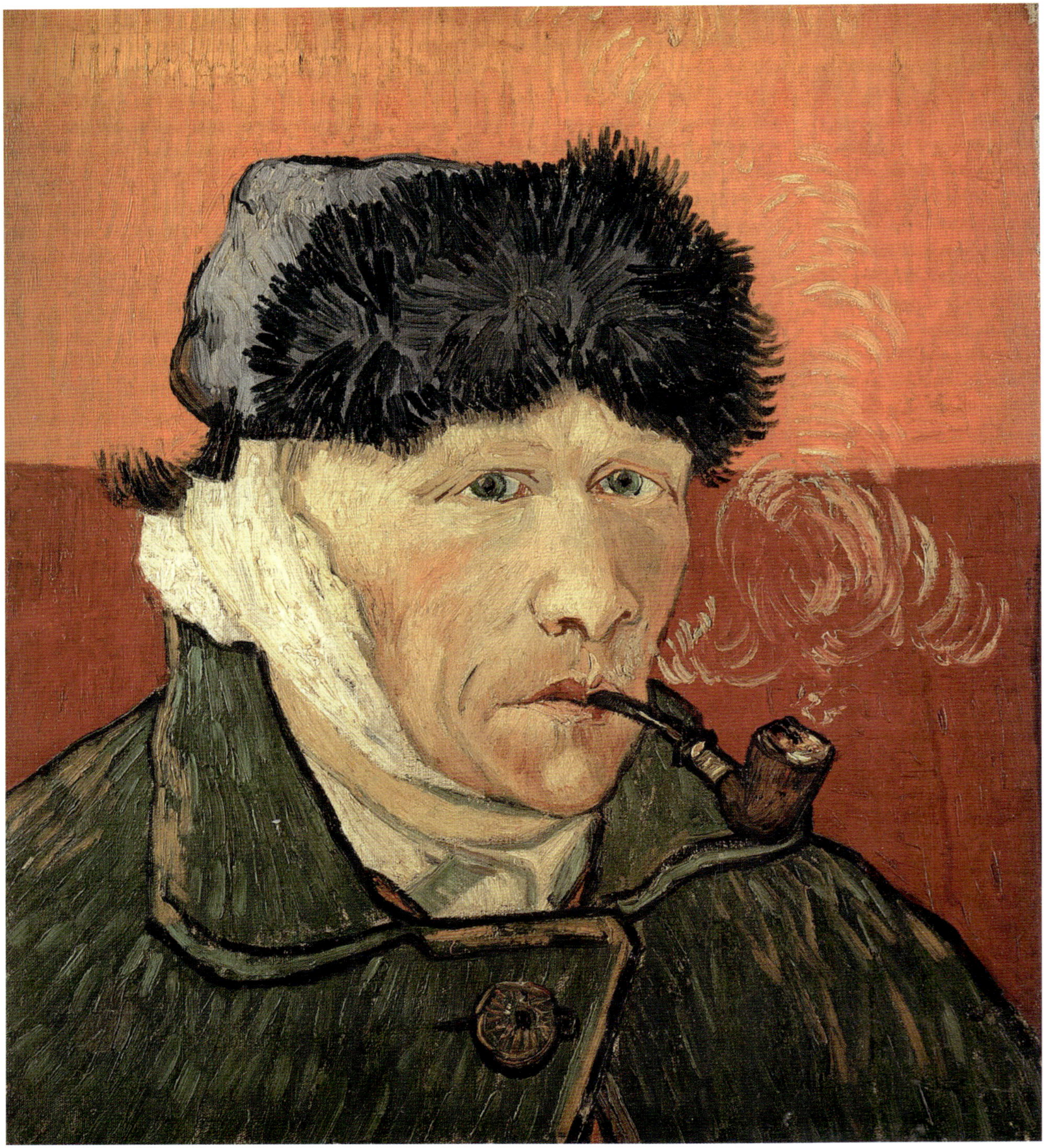

귀에 붕대를 감고 파이프를 문 자화상

빈센트 반 고흐
아를, 1889년, 캔버스에 유채, 51×45cm, 개인 소장

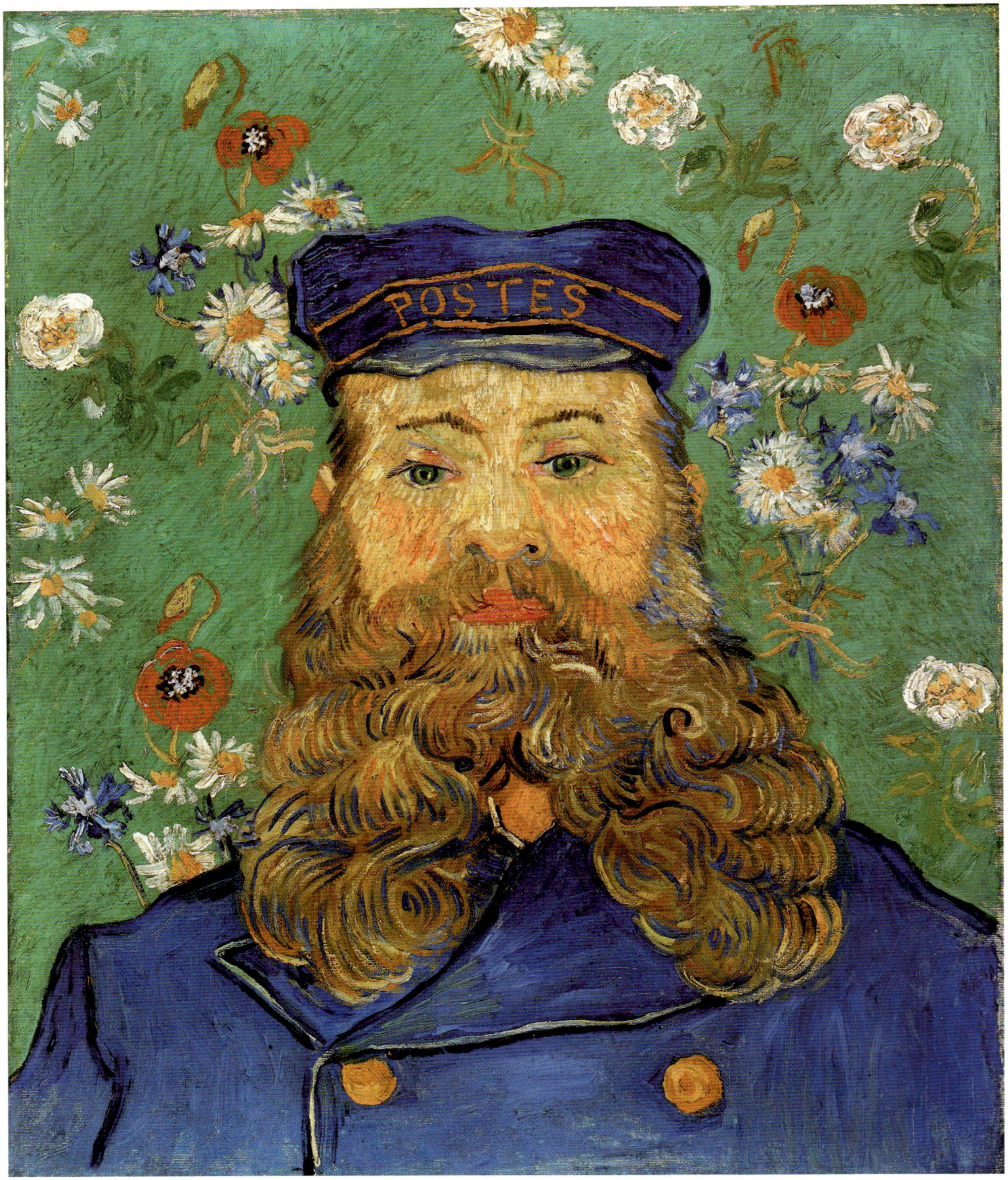

조제프 룰랭의 초상

빈센트 반 고흐
아를, 1889년, 캔버스에 유채, 65×54cm, 크뢸러뮐러 미술관, 오테를로

15

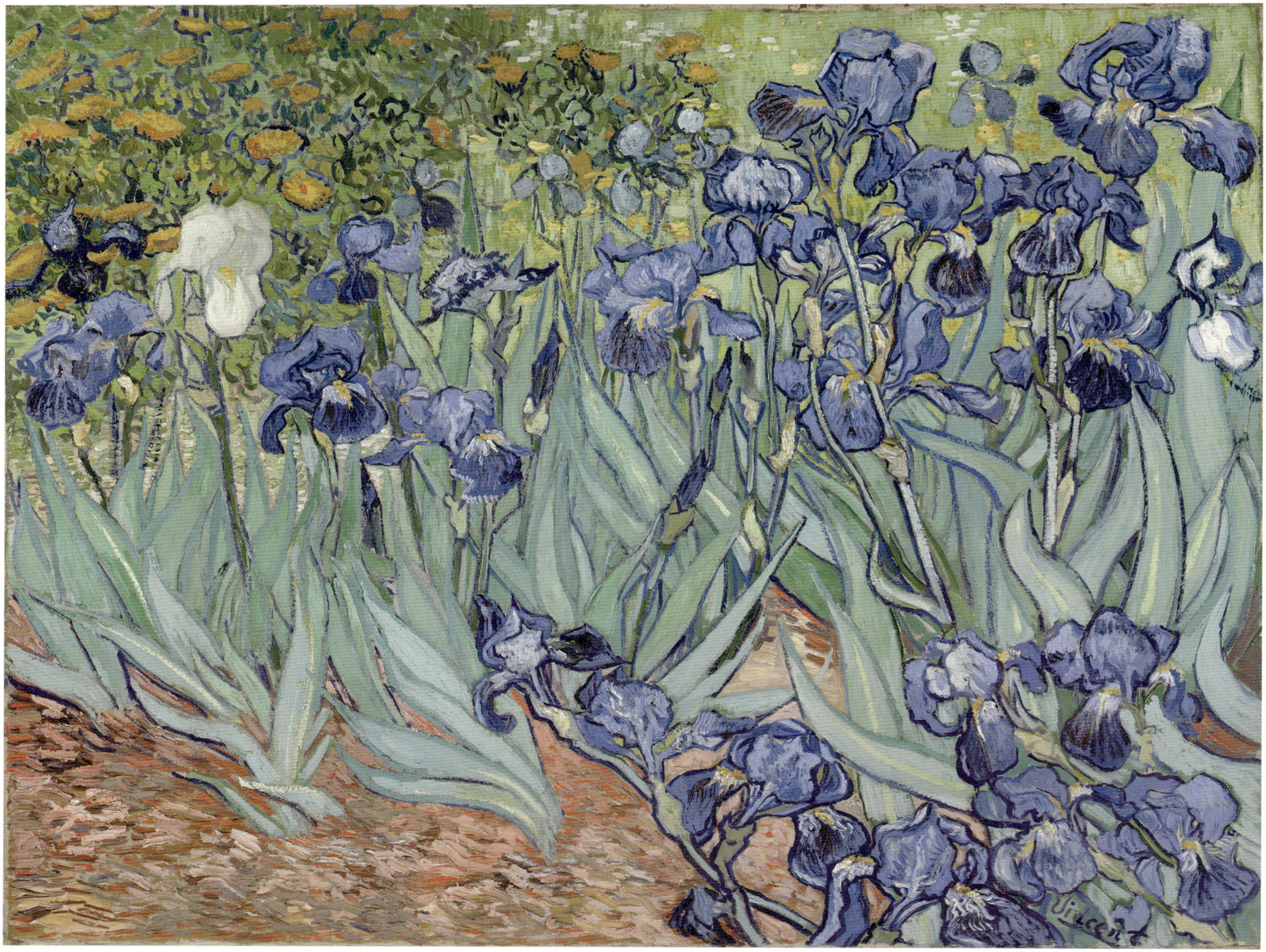

붓꽃
빈센트 반 고흐
생레미, 1889년 5월, 캔버스에 유채, 71.1×93cm, J. 폴 게티 미술관, 로스엔젤레스

별이 빛나는 밤
빈센트 반 고흐
생레미, 1889년 6월, 캔버스에 유채, 73.7×92.1cm, 뉴욕 현대 미술관

사이프러스가 있는 밀밭
빈센트 반 고흐
생레미, 1889년 6월, 캔버스에 유채, 73×93.3cm, 메트로폴리탄 미술관, 뉴욕

생레미 병원의 정원
빈센트 반 고흐
생레미, 1889년 11월, 캔버스에 유채, 75×93.5cm, 폴크방 미술관, 에센

휴식(밀레 모사화)
빈센트 반 고흐
생레미, 1889년 12월 - 1890년 1월, 캔버스에 유채, 73.3×91cm, 오르세 미술관, 파리

아몬드 꽃
빈센트 반 고흐
생레미, 1890년 2월, 캔버스에 유채, 73.3×92.4cm, 반 고흐 미술관, 암스테르담

프로방스의 밤 시골길
빈센트 반 고흐
생레미, 1890년 5월, 캔버스에 유채, 92×73cm, 크뢸러밀러 미술관, 오테를로

10

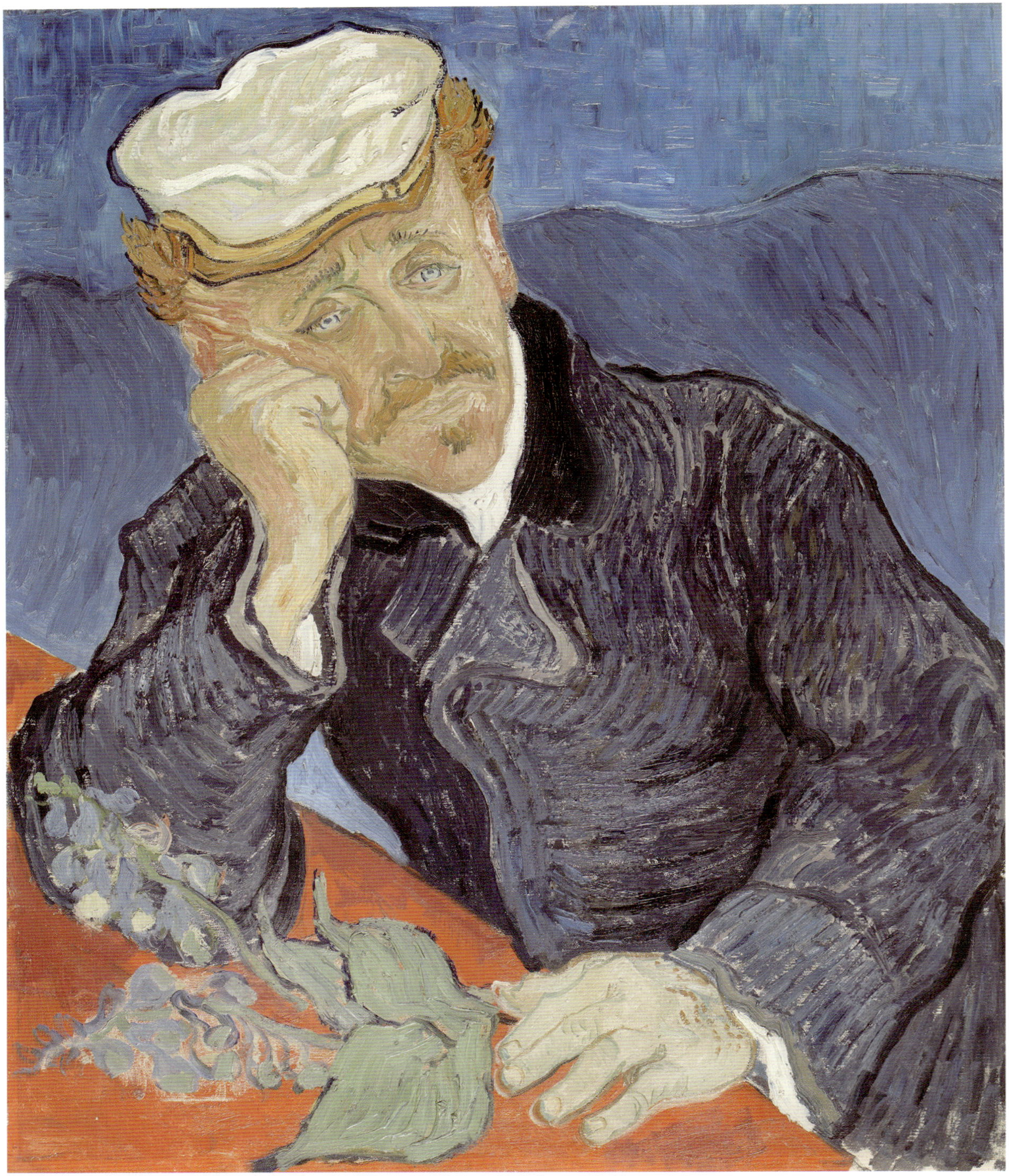

폴 가셰 박사

빈센트 반 고흐
오베르쉬르우아즈, 1890년, 캔버스에 유채, 68×57cm, 오르세 미술관, 파리

10

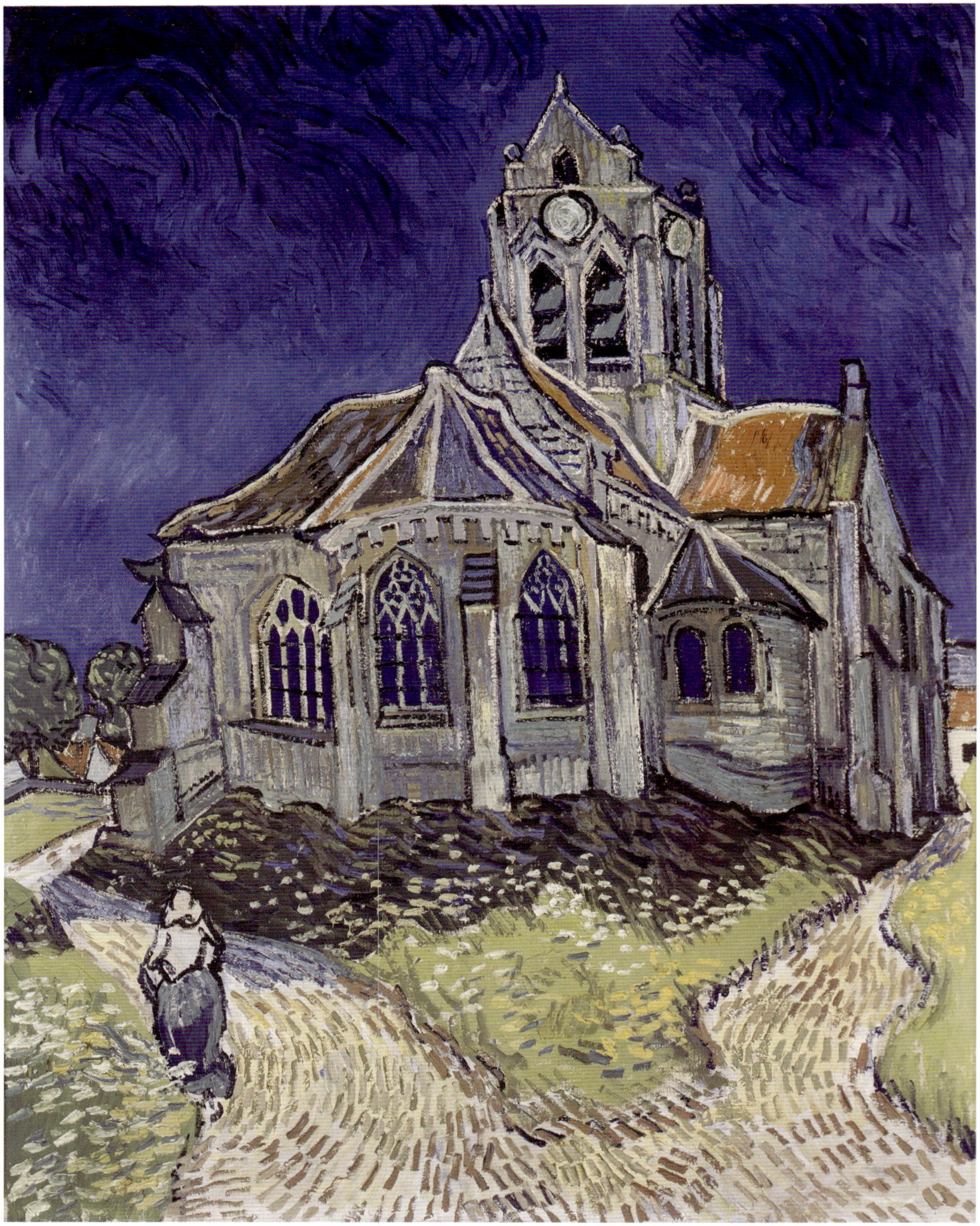

오베르쉬르우아즈의 교회

빈센트 반 고흐
오베르쉬르우아즈, 1890년 6월, 캔버스에 유채, 94×74cm, 오르세 미술관, 파리

까마귀 나는 밀밭
빈센트 반 고흐
오베르쉬르우아즈, 1890년 7월, 캔버스에 유채, 50.5×103cm, 반 고흐 미술관, 암스테르담

틀린 그림들

15

감자 먹는 사람들 The potato eaters
빈센트 반 고흐 Vincent van Gogh(1853-1890년)
누에넨, 1885년, 캔버스에 유채, 82×114cm
반 고흐 미술관, 암스테르담

"희미한 램프를 밝힌 채 감자를 먹고 있는 이들은 자신들의 손으로, 감자를 집는 바로 그 손으로 직접 밭을 일군다. 즉 그들은 정직하게 일해서 먹을 것을 얻는다는 걸 사람들에게 알려주고 싶어. 소위 문명인이라는 우리와 완전히 다른 생활 방식으로 살아가는 이들이라는 걸 알리고 싶었단다. 난 이유도 모르면서 그저 환호하고 좋다고 여기는 건 절대 원치 않아. (…) 이것은 진정한 농촌 그림으로 인정 받아야 마땅해. 전통적으로 그래왔듯 농민들을 따사로움과 친근함의 눈으로 바라보는 대신 그들의 실제 거친 현실을 그렸을 때 결국 더 훌륭한 작품이 될 것이라고 나는 확신한다. (…) 농촌 생활을 그리는 것은 만만찮은 일이야. 예술과 삶에 대해 진지하게 생각하는 사람들에게 생각해봐야 할 중요한 것을 전하는 그림을 그리려 노력하지 않는다면, 나 자신을 책망해야 하는 게 당연하지."

빈센트 반 고흐는 신학도의 길을 걷다 스물일곱 살이 되어 본격적인 화가의 길로 들어섰고 처음부터 이상적인 비례와 아름다움을 추구하는 아카데미 기법을 경멸한 대신 하루하루 쉼 없는 노동으로 힘겹게 살아가는 이들의 고통스런 모습에 몰두했다. 그렇기에 평범한 시골 풍경, 농부, 그들의 소박한 신앙심 등을 그린 프랑스 바르비종 화파의 화가 장프랑수아 밀레는 고흐에게 가장 중요한 존재였다. 고흐의 초기 작품 가운데 가장 중요한 작품이 바로 〈감자 먹는 사람들〉이다. 농부들의 있는 그대로의 모습, 그들의 신성한 노동과 거친 삶을 그리고자 했던 고흐는 수백 장의 인물 습작을 거쳐 그들을 실제와 똑같이 그리는 게 아닌, 그들의 분위기, 고된 농촌 생활의 본질을 표현하려 했다. 작품이 공개된 후 너무 어두운 색깔과 인물 처리의 미숙함, 과도한 왜곡 등으로 많은 비판을 받았으나, 몇 년 후 여동생에게 보낸 편지에서 고흐는 "내가 이제껏 그려온 그림들에 대해 말하건대 〈감자 먹는 사람들〉이 가장 훌륭한 작품이라 생각한다"라고 했을 정도로 이 그림을 무척 자랑스럽게 여겼다.

프랑스 파리의 클리시 대로에 나폴리에서 온 여인 아고스티나 세가토리가 탕부랭이라는 카페를 열었고, 곧 이곳은 예술가들이 함께 모이고 작은 전시를 개최하는 인기 장소가 되었다. 1886년 초 네덜란드를 떠나 최신 예술의 중심지 파리로 온 반 고흐도 집 가까이에 있는 이곳을 일주일에도 몇 차례씩 들락거리며 끼니를 해결했다. 동생 집에 얹혀 살며 경제적으로 빠듯한 생활을 이어가던 고흐는 밥값 대신 그림을 주었고, 여주인은 그 그림들을 전시하고 팔아서 카페를 꾸려나갔다. 그리고 그 와중에 고흐는 열두 살 연상의 여주인 아고스티나 세가토리와 사랑에 빠지기도 했다.

네덜란드에서 힘겹게 살아가는 비참한 농민, 노동자들을 그리며 어두컴컴했던 고흐의 화면은 파리에서 인상주의, 상징주의 같은 다양한 경향을 접한 이후 눈에 띄게 밝아지고 색채도 화려해졌다. 이 초상화에서 카페의 벽을 장식한 일본 판화들로 추측해 보건대, 이는 고흐와 그의 동생이 수집한 일본 판화 작품들을 카페에서 전시하고 판매했던 1887년 2월 무렵에 그려진 것으로 보인다. '탬버린'이라는 카페의 이름에 걸맞게 카페의 탁자와 의자는 탬버린 모양이며, 여주인은 맥주잔을 앞에 두고 불 붙인 담배를 손가락 사이에 끼우고 있다. 화가 에두아르 마네, 카미유 코로 등의 모델이기도 했던 그녀는 독특한 모자와 헤어스타일, 옷차림을 한 현대 여성, 카페라는 공공장소에서 당당하게 술을 마시고 담배를 피우는, 소위 정숙한 숙녀와는 거리가 먼 예술가 또는 창녀와 같은 부류의 여성이라는 분위기를 직접적으로 내보인다. 고흐와 아고스티나의 관계는 고흐 삶의 다른 연애와 마찬가지로 비극적으로 끝났는데, 아고스티나의 카페가 도산하면서 고흐가 밥값 대신 맡긴 그림들까지 모두 빼앗겨버리고 말았다.

카페에서: 탕부랭 카페의 주인 아고스티나 세가토리
In the Café: Agostina Segatori in Le Tambourin

빈센트 반 고흐 Vincent van Gogh(1853-1890년)
파리, 1887년 1-3월, 캔버스에 유채, 55.5×47cm
반 고흐 미술관, 암스테르담

연인들이 있는 정원: 생피에르 광장
Garden with Courting Couples:
Square Saint-Pierre
빈센트 반 고흐Vincent van Gogh(1853-1890년)
파리, 1887년 5월, 캔버스에 유채, 75×113cm
반 고흐 미술관, 암스테르담

파리에서 고흐는 인상주의를 받아들였다. 특히 조르주 쇠라의 색채 분할 기법에 따라 작은 색 점을 찍어 화면에 생동감을 주는 실험을 계속 해나갔다. 그러나 어느 순간 광학적, 합리적인 규칙에 따르는 색채 분할 기법의 규범은 자신과 맞지 않는다는 생각을 하게 되었다. 일찍이 그는 동생과 주고받은 한 편지에서 "색은 그 자체로 어떤 것을 표현한다"고 말한 적이 있으며 "서로를 눈부시게 빛나게 하며, 한 쌍을 이루고, 남자와 여자처럼 서로를 완성시키는 색이 있다"고 주장하기도 했다. 따라서 쇠라의 원색 점이 고흐에게서는 점차 그 길이와 방향이 일정치 않은 색 선으로 변형되었다. 파리에서 그린 그림 중 가장 큰 이 작품은 봄 햇살이 가득한 정원에서 편안하고 즐거운 시간을 보내는 연인들을 그리고 있다. 균일한 형태의 색 점이 나열된 쇠라의 고운 화면과 달리 짧은 색 선을 다양한 방향, 다양한 길이와 두께로 그려 아지랑이가 피어오르는 듯한 따스한 봄날의 기운, 연인들의 친밀한 관계, 잔잔한 바람에 따라 살랑대는 풀과 나무를 보며 느낀 고흐의 감정까지 담아냈다. 고흐는 결혼을 하여 가족을 꾸리기를 간절히 바랐으나 늘 불가능하고 불행한 사랑에 빠져 가슴을 에는 아픔을 겪었다. 결국 고흐는 그러한 상황에서 모두 물러나 자신의 열정을 예술에 바치기로 했다. 그러나 그 자신이 직접 "연인들이 있는 정원"이라고 부른 이 행복한 장면을 그릴 때까지는 다가올 달콤한 사랑의 꿈을 여전히 꾸고 있지 않았을까?

쥘리앵 프랑수아 탕기는 파리에서 작은 미술 용품점을 운영했기에 당시 파리에서 활동하는 화가들 사이에서 유명인이었다. 온화한 성품을 지닌 그는 물감이나 캔버스 값으로 작품을 받기도 하여 그의 상점은 인상주의자들의 작품으로 가득한 미술관 같다는 말이 돌 정도였으며, 아트 딜러로서 또는 가난한 예술가들에게 직접 음식과 돈을 나누어 줌으로써 예술가들을 후원한, 진정 '아버지père' 같은 존재였다.

파리에 온 이후 밝고 풍부한 색채로 가득해진 고흐의 화면을 탕기 영감의 초상화에서도 느낄 수 있다. 더욱이 그가 일본 판화에 얼마나 심취해 있고 영향을 받았는지가 직접적으로 드러나 있다. 에두아르 마네, 클로드 모네, 에드가 드가 등 당시 유럽으로 막 유입된 일본 판화에 열광하는 예술가들이 적지 않았으며 고흐 역시 그중 하나로, 동생 테오와 함께 열심히 수집한 수백 점의 일본 판화 컬렉션을 암스테르담의 반 고흐 미술관에서 볼 수 있다. 고흐는 일본 판화에서 대담한 구도, 밝고 선명한 원색의 사용, 강렬한 색채 대비, 평면적인 색채감과 함께 평온하며 고요한 분위기에 흠뻑 빠져들었다. 그리고 이러한 요소들은 그의 화면에 바로바로 적용되었다.

조용하고 침착하고 사려 깊은 탕기 영감의 성품대로 그려진 이 초상화는 조각가 오귀스트 로댕이 구입했다. 평소 로댕은 반 고흐를 향해 "아카데미의 정형화된 문구의 파괴자, 빛에 대한 천재적인 감각을 지닌 자"라는 찬사를 보냈다.

탕기 영감 Père Tanguy
빈센트 반 고흐 Vincent van Gogh(1853-1890년)
파리, 1887년, 캔버스에 유채, 92×75cm
로댕 미술관, 파리

10

『에도명소백경』 중
가메이도 매화 정원의 와룡매 龜戸梅屋敷 臥龍梅
우타가와 히로시게歌川広重(1797-1858년)
에도, 1857년
종이에 다색 목판화, 34x22cm
반 고흐 미술관, 암스테르담

매화꽃이 핀 과수원(히로시게 모사화)
Flowering Plum Orchard(after Hiroshige)
빈센트 반 고흐Vincent van Gogh(1853-1890년)
파리, 1887년 10-11월, 캔버스에 유채, 55.6×46.8cm
반 고흐 미술관, 암스테르담

일본의 우키요에 화가 우타가와 히로시게歌川広重는 1856년 2월부터 1858년 10월에 걸쳐 에도에서 이름난 곳 100군데를 선정해 우키요에浮世絵를 제작했고, 그가 세상을 떠난 후 작품집 『에도명소백경名所江戸百景』이 발표됐다. 히로시게의 만년의 작품들로 그 하나하나가 모두 뛰어난 이 작품집은 당시 일본은 물론 유럽에서도 선풍적인 인기를 얻어 수많은 판이 제작되었다.
일본 미술의 열렬한 예찬자이던 반 고흐는 일본 미술이 자신을 즐겁고 행복하게 해준다고 했다. 동생 테오와 함께 일본 판화를 수백 점 수집한 고흐는 그들을 모사한 그림 세 점을 그리며 일본 예술가들의 스타일과 색을 사용하는 방법을 탐구하는 기회로 삼았다. 모사화 세 점 중 한 작품이 바로 이것으로, 히로시게의 『에도명소백경』 가운데 당시 에도에서 가장 유명한 매화 나무, 가메이도 매화 정원龜戸梅屋敷의 와룡매臥龍梅를 그린 우키요에를 거의 그대로 따라 그린 것이다.

고흐는 히로시게의 구도를 정확하게 복제하면서도 색깔을 훨씬 더 강렬하게 적용해, 그저 검은색, 회색에 가깝던 나무둥치를 붉은색과 푸른색 톤으로 칠했다. 또 양옆으로 짙은 오렌지색 테두리를 두른 후 일본어를 써넣었는데, 그 글자들은 의미는 통하지 않는, 장식적이고 이국적인 효과를 내기 위한 장치였다.

아를의 다리(랑글루아 다리)
Bridge at Arles(Pont de Langlois)
빈센트 반 고흐Vincent van Gogh(1853-1890년)
아를, 1888년 3월 중순, 캔버스에 유채, 54×65cm
크뢸러뮐러 미술관, 오테를로

"이보다 더 운이 좋을 수는 없을 것 같구나. 이곳의 자연은 정말이지 너무도 아름다워! 모든 것이, 모든 곳이 말이다. 둥근 하늘은 아주 멋진 파란색, 태양은 연한 유황색 빛을 내뿜어 부드러우면서도 매력적이란다. 델프트의 화가 페르메이르의 그림에서나 볼 수 있는 천상의 푸른색과 노란색이야."

파리에서 거의 2년 동안 지내며 몸과 마음이 모두 황폐해진 고흐는 대도시를 떠나 시골로 가기로 했다. 그런 그에게 예술가 친구들은 '푸른 빛과 활기찬 색으로 가득한 땅' 프랑스 남부를 추천했고, 1881년 초 고흐는 프로방스를 다음 목적지로 정했다. 이는 탁월한 선택이었음을 그가 테오에게 보낸 편지에서 잘 알 수 있다.

아를에 도착하자마자 고흐는 마을 남쪽에 있는 랑글루아 다리를 유화, 수채화, 드로잉 등 다양한 버전으로 그렸다. 이 그림, '빨래하는 여인들이 있는' 랑글루아 다리는 고흐의 아를 시기를 여는 첫 번째 대표작이다. 다리 아래 수로의 일상을 그린 이 그림에서 가장 두드러진 점은 바로 색채다. 고흐는 색채의 '동시 대비의 법칙'을 적절히 사용했는데, 즉 강둑의 풀은 붉은 기운이 도는 오렌지색과 녹색을 어우러지게 칠하고 노란색과 파란색의 보색으로 하늘, 강, 다리를 칠했다. 이렇게 보색을 활용함으로써 각각의 색이 '생동감이 가득하고 색채 효과로써 통일된 전체'를 이루도록 유도한 것이다. 이 작품은 고흐가 자연을 본질적인 색채 요소, 본질적인 형태 요소로 압축해서 표현하며, 조화롭게 뒤섞여 하나가 된 요소들을 잘 이용하는 그의 독창성을 잘 보여준다.

수확 The Harvest
빈센트 반 고흐 Vincent van Gogh(1853-1890년)
아를, 1888년 6월, 캔버스에 유채, 73.4×91.8cm
반 고흐 미술관, 암스테르담

"이 화면은 다른 모든 작품을 압도한다."
프랑스 남부 아를의 여름 평야, 뜨거운 열기와 건조함이 캔버스 전체에 가득하다. 고흐는 연한 녹색 기운이 감도는 푸른색 하늘과 누렇게 익은 들판, 녹색 나뭇잎을 조화롭게 구성해 구름 한 점 없이 맑은 여름날의 공기, 여름날의 분위기를 만들어냈다. 이 여름에 고흐는 작열하는 태양 아래로 나가 몇 날 며칠이고 그림을 그렸다. 일주일 조금 넘는 기간에 유화 10점, 드로잉 5점을 그리는 무척 생산적인 시간을 보낸 것이다. '땅을 경작하며 살아가는 농민의 생활' 주제를 줄곧 고수하여 다양한 그림을 그린 고흐는 땀 흘려 일하는 농부들에 부끄럽지 않기 위해 고행하듯 그림을 그린 듯하다.

고흐 스스로 가장 성공적인 작품에 속한다고 생각한 이 그림에는 프랑스 남부 시골의 여름날을 말해주는 맑고 투명한 색으로 가득하다. 전경은 물감을 듬뿍 묻힌 붓으로 다양한 방향, 서로 다른 길이의 색 선을 그어 화면을 채운 반면, 후경은 좀 더 균일한 색 면으로 칠해져 먼 곳으로 끝없이 이어지는 깊이감이 생겨났다. 폴 고갱이 아를에 와서 고흐의 예술 동지로서 함께 지내겠다고 결정한 이후, 고갱을 기다리며 기대에 차 있던 이 시기에 고흐는 힘겨운 삶 중에서도 희망의 꿈을 꿀 수 있었다.

밤의 카페 The Night Café
빈센트 반 고흐 Vincent van Gogh(1853-1890년)
아를, 1888년 9월, 캔버스에 유채, 72.4×92.1cm
예일 대학 미술관

1888년 8월 어느 날, 고흐는 자신이 밤 시간을 보내는, 가스등을 밝힌 카페의 실내를 그리려 한다고 테오에게 말했다. 밤새 영업을 해서 흔히 '밤의 카페'라고 불리는 이곳을 그리기 위해 고흐는 9월이 시작되자마자 3일 동안 밤새 카페에 앉아 그림을 그리고 낮에 잠을 잤다. 그림을 완성하고 나서 테오에게 보낸 편지에서 그림에 대한 그의 생각과 의도를 소상히 밝히고 있다. 고흐는 이 그림을 노란 집에 걸어 장식했다.

"내 그림을 팔아 돈을 마련하겠다고 한다면, 난 자신이 없구나. 왜냐하면 내가 지금껏 그린 것 중 가장 추한 그림에 속하는 게 완성되었거든. 좀 다르기는 해도 거의 〈감자 먹는 사람들〉과 맞먹을 정도야.

빨간색과 녹색으로 인간의 지독한 열정을 표현하고자 했어. 실내는 핏빛 빨강과 칙칙한 노랑에, 중앙에 녹색 당구대, 오렌지와 녹색으로 빛나는 밝은 노란색 램프 네 개로 구성된다. 실내 곳곳에서 빨간색과 녹색이 부딪히며 충돌하지. 이 텅 빈 작은 실내에서 졸고 있는 이는 보라색과 파란색으로 칠했어. 예를 들어 핏빛 빨강과 당구대의 노란 빛이 도는 녹색은 분홍색 꽃다발이 놓여 있는 카운터의 우아하고 연한 녹색과 대비된다. 당구대 옆에서 무언가를 응시하는 카페 주인의 하얀 옷은 밝은 노랑, 창백하게 빛을 발하는 녹색이 되어가지. (…) 모든 건 색깔에 달려 있어. 사실주의자의 눈속임 기법의 관점에서 보자면 맞지 않지만, 색깔은 어떤 감정, 열정적인 기질을 내보인단다." - 1888년 9월 8일 편지

"밤의 카페 그림에서 나는, 카페는 스스로 망가질 수 있고 미칠 수 있으며 범죄를 저지를 수도 있는 곳이라는 걸 표현하려 했어. 어쨌든 섬세한 분홍을 핏빛 빨강, 와인빛 빨강과 대비시키려 했고, 부드럽고 연한 녹색은 노란빛이 도는 녹색, 강렬한 푸른빛 녹색과 대비되도록. 창백한 유황이 가득한, 지옥의 용광로 같은 분위기 속의 모든 것은 싸구려 술집의 어두운 힘과 관련된 무언가를 말하는 거야. 그렇다 해도 일본인들의 유쾌함과 타르타랭의 순박함은 잊지 않았단다." - 1888년 9월 9일 편지

노란 집(거리)
The Yellow House(The Street)
빈센트 반 고흐
Vincent van Gogh(1853-1890년)
아를, 1888년 9월
캔버스에 유채, 72×91.5cm
반 고흐 미술관, 암스테르담

1888년 5월에 고흐는 방이 네 개 딸린 집을 얻었으며, 집을 개조하고 가구를 들여놓는 등의 준비를 끝내고 실제로 그 '노란 집'에 들어가 살기 시작한 것은 9월이 되어서였다. 노란 집에는 고흐가 마음껏 그림을 그릴 수 있는 넉넉한 공간과 더불어 같이 살면서 서로 의지하고 자극 받을 수 있는 예술가 친구가 머물 공간도 충분했기에, 고흐는 이 집이 무척 마음에 들었다.

"가능하기만 하다면 너도 여기 남쪽에 와서 살면 얼마나 좋을까. 왜냐하면 우리에게 필요한, 가장 믿을 수 있는 치료약은 눈부신 햇살, 온화한 날씨와 맑은 공기이기 때문이야. 이곳의 날씨는 여전히 좋아서, 만일 늘 이와 같다면 이보다 더 나은 화가들의 천국이 있을까 싶어. 언제든, 어디에서든 얼마나 너와 고갱과 베르나르를 떠올리는지! 이 아름다운 곳에서, 너무도 너희 모두와 함께하고 싶어. (…)

또 한 점의 스케치는 코발트 빛 하늘 아래, 유황색 햇살이 내리쬐는 집과 그 주변을 그린 거야. 이건 정말 어려운 거야! 바로 그렇기 때문에 도전하려는 거지만. 태양빛 아래, 또한 비교할 만한 것조차 없는 청량한 푸른 빛 속에 있는 노란 집은 정말 환상적이야. 바닥까지 모두 노란색이란다. (…) 왼쪽에 있는 집, 녹색 셔터에 분홍색으로 칠한, 나무에 가려진 집은 내가 매일 저녁을 먹으러 가는 레스토랑이야. 내 친구인 우체부는 길이 끝나는 지점에, 기차가 다니는 두 다리 사이에 살아. 내가 그렸던 밤의 카페는 이 그림에는 안 보인단다. 그건 레스토랑의 왼쪽에 있거든.

밀리에는 이 작품을 끔찍하다고 여겼지만, 그가 평범한 상점, 별 특이한 것 없는 집들을 아무 꾸밈 없이 그리는 게 얼마나 즐거울 수 있는지 이해하지 못해서 그렇다는 걸 너에게는 말할 필요도 없겠지."

별이 빛나는 밤 Starry Night
빈센트 반 고흐
Vincent van Gogh(1853-1890년)
아를, 1888년
캔버스에 유채, 72.5×92cm
오르세 미술관, 파리

"별이 빛나는 밤을 그린 작은 스케치를 한 점 보낸다. 이 그림은 실제로 밤에, 가스등 아래에서 그렸어. 하늘은 녹색 빛을 띤 파랑, 강물은 로열 블루, 강둑은 짙은 보라색이야. 마을은 파란색과 보라색으로 칠했고 노란 가스등 빛은 적금색으로 반사되어 청동색으로 변해 간다. 청록색 하늘에 큰곰자리 별은 녹색과 분홍색으로 반짝이는데, 이는 가스등의 강렬한 황금색과 대비되지. 전경에는 연인을 작게 그려 넣었어."

아를에 도착한 순간부터 고흐는 줄곧 '밤 풍경', '밤의 효과'를 표현하는 데 몰두했다. '사이프러스 또는 잘 익은 밀밭 위에 별이 빛나는 밤을 그리고 싶다', '내 뇌리에서 떠나지 않는 별이 빛나는 하늘을 언젠가 그릴 거야', '밤이 낮보다 훨씬 더 풍부한 색감을 보여준다' 같은 문구가 그의 편지에 종종 등장했다.

론 강변의 밤 풍경을 그린 이 작품은 〈밤의 카페 테라스〉를 끝낸 후 그린 것이다. 정적이고 평화로운 분위기의 화면은 짙푸른 색이 주조를 이루는 가운데 프러시안 블루, 울트라마린 블루, 코발트 블루가 섞여 있고, 마을의 가스등 불빛이 강물에 반사되어 오렌지색, 노란색으로 빛난다. 당시에 가스등은 비교적 새로운 문물이었으며, 고흐는 가스등이 직접 발하는 빛과 그 반사된 빛이 내뿜는 다양한 색을 포착하고자 한동안 빠져 지냈다.

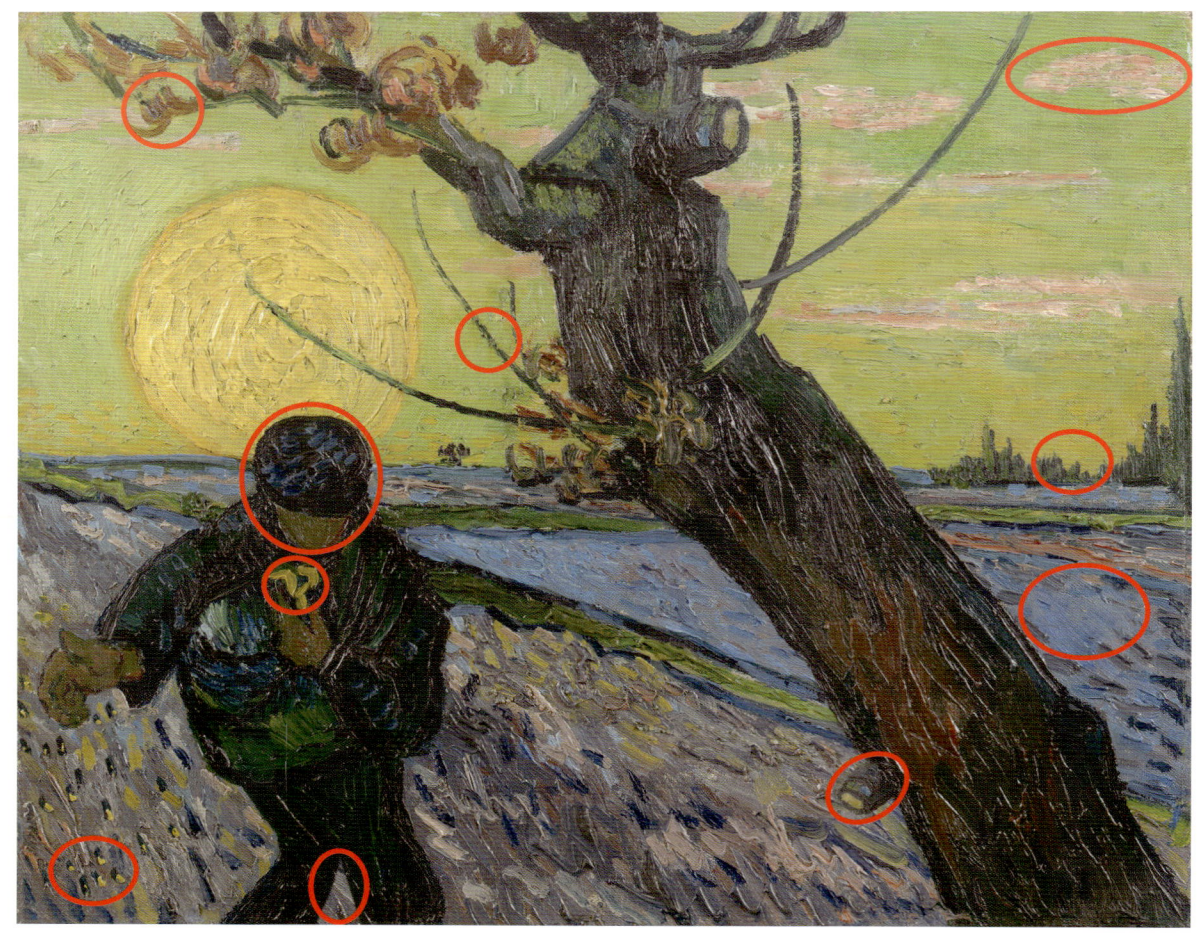

씨 뿌리는 사람 The Sower
빈센트 반 고흐
Vincent van Gogh(1853-1890년)
아를, 1888년 11월
캔버스에 유채, 32.5×40.3cm
반 고흐 미술관, 암스테르담

땀 흘려 일하는 농부들, 그들의 거친 삶은 고흐가 초기부터 일관되게 매달린 주제다. 특히 장 프랑수아 밀레의 그림에서 영감 받은 '씨 뿌리는 사람'은 드로잉과 유화 등을 통틀어 30여 점 이상 그렸다. 1888년 가을, 그토록 함께 지내기를 고대해 마지않던 폴 고갱이 고흐의 노란 집으로 찾아왔다. 고흐와 고갱이 함께 지낸 시기에 그려진 이 작품에서 화면을 대각선으로 가로지르는 커다란 나무는 일본 판화에서 볼 수 있는 구도인 동시에 폴 고갱의 〈설교 후의 환상〉에 등장하는 나무도 연상시킨다. 즉 이 그림은 고갱의 영향이 반영된 것으로, 고갱은 고흐가 실제 현실을 그대로 그리기보다는 창의적인 상상을 더해 그려야 한다고 생각했다.

우선 고흐는 감정과 열정을 표현할 수 있는 색채를 골라, 하늘은 녹색 기운이 감도는 노랑, 대지는 보라색으로 칠했다. 뚜렷한 윤곽선, 어두운 녹색으로 마치 검은 실루엣처럼 표현된 농부의 머리 위의 밝고 노란 큰 태양은 후광처럼 보여, 커다란 손으로 씨를 뿌리는 농부에게 성인의 지위를 부여한다. 여기에 물감을 두툼하게 겹쳐 바르고, 힘찬 붓질로 짧고 굵은 색 선을 효과적으로 사용해 성화聖畵 같은 상징성이 더욱 강조되었다.

아를 근교의 붉은 포도밭
Red Vineyards near Arles

빈센트 반 고흐
Vincent van Gogh(1853-1890년)
아를, 1888년 11월
캔버스에 유채, 75×93cm
푸시킨 미술관, 모스크바

포도 수확. 인간의 고통
The wine Harvest. Human Misery

폴 고갱 Paul Gauguin(1848-1903년)
아를, 1888년, 캔버스에 유채, 73.5×92.5cm
오르룹고르 미술관, 코펜하겐

"일요일에 네가 우리와 함께 있었어야 했는데! 나와 고갱은 그날 붉은 포도밭, 포도주처럼 완전히 붉은 포도밭을 보았거든. 저 멀리 포도밭은 노란빛이 되었고, 해가 떠 있는 하늘은 녹색, 비 내린 뒤의 보라색 대지 여기저기가 석양을 반사하며 노랗게 빛났다."

아를의 노란 집에서 공동 생활을 하던 고흐와 고갱은 어느 가을날 저녁 산책을 하다가 해질녘의 포도밭을 보았고, 그 강렬한 경험에 영감을 받아 각자 그림을 그렸다. 똑같은 주제를 전혀 다르게 표현한 것만 보아도 고흐와 고갱이 얼마나 서로 다른 개성을 지녔는지 알 수 있다. 고흐는 석양 아래 포도밭과 포도 따는 사람의 풍경을 고스란히 재현했다면, 고갱은 이 광경을 이용해 가상의 공간을 구성했다. 그는 포도밭을 있는 그대로 묘사하지 않았으며 화면에 브르타뉴 전통 의상을 입은 여인들을 그려 넣었다. 고갱이 평소와 달리 밝고 강렬한 색 물감을 두텁고 빽빽하게 바른 것은 고흐의 영향인 듯 보인다. 고흐와 고갱, 두 화가의 공동 생활은 고흐가 그토록 간절히 원한만큼, 그리고 그들이 그린 그림만큼 아름답지 못했고, 언제 터질지 모르는 폭탄을 껴안고 가듯 불안한 생활은 곧 파국으로 치달았다.

에텐 정원의 추억(아를의 여인들)
Memory of the Garden at Etten (Ladies of Arles)
빈센트 반 고흐
Vincent van Gogh(1853-1890년)
아를, 1888년 11월, 캔버스에 유채, 73×92cm
예르미타시 미술관, 상트페테르부르크

아를의 노란 집에서 고갱과 함께 지낼 때 그린 이 그림은 고향 네덜란드 에텐의 부모님 집 정원을 추억하며 그린 것이다. "현재 나랑 함께 살고 있는 내 친구, 인상주의 화가인 폴 고갱에 대해 네게 아직 말하지 않은 게 생각났다. 우리는 무척 행복하게 지내고 있으며, 그는 순전히 상상한 것을 그리도록 자주 나를 이끌어준단다." 당시 누이에게 보낸 편지에서 밝힌 것처럼 기억과 상상에 의존한 주제를 택한 것, 평면적인 공간, 두툼한 윤곽선 처리 등은 고갱의 영향을 반영한다. 그러나 강렬한 색채를 점 또는 짧은 선으로 거칠게 사용하는 자신의 화법을 완전히 놓치는 않았다. 누이에게 보낸 편지를 통해 고흐의 말을 직접 들어보자.

"방금 에텐의 정원을 추억하는 그림을 그렸단다. 내 침실에 걸어놓을, 꽤 큰 그림이야. 이런 색을 칠했어. 걷고 있는 두 여인 중 젊은 여인은 녹색과 오렌지색 체크무늬 스코틀랜드 숄을 두르고 빨간 양산을 들고 있어. 나이든 여인은 거의 검은색에 가까운 파란색과 보라색 숄을 두르고 있고. 레몬 빛 노랑, 분홍, 흰색 달리아 꽃이 가라앉은 분위기의 인물들과 대비되게 활짝 피어 있지. 인물들 뒤로는 선명한 녹색 사이프러스가 몇 그루 서 있고, 사이프러스 뒤쪽에는 흐릿한 녹색과 적색 양배추 밭을 작고 하얀 꽃들이 둘러싸고 있어. 모래가 깔린 길은 오렌지색, 새빨간 제라늄의 잎은 녹색이야. 마지막으로 푸른 옷을 입은 하녀가 꽃밭의 꽃을 정리하고 있고.

네가 바로 여기에 있어. 완전히 꼭 닮은 것은 아니더라도 내가 느낀 대로 시적인 인물과 정원의 형태를 전달한다고 생각해. 그런 식으로 여기 걷고 있는 두 여인이 너와 어머니라고 가정해보자. 아니, 조잡하고 미숙하지만 닮은 구석이 있다고 가정해보자. 신중하게 고른 색깔, 밝은 노랑 달리아 꽃이 도드라져 보이는 어두운 보라색은 내게 어머니의 성품을 떠올리게 한단다. 녹색과 오렌지색 체크무늬 숄을 두른 젊은 여인은 짙은 녹색의 사이프러스 앞에 있어서 대비되는 데다가, 빨간 양산으로 인해 더욱 강조돼 보인다. 이 여인은 디킨스의 소설에 나오는 인물을 흐릿하게 연상시키는 동시에 너를 떠올리게 해.

마치 음악으로 위안의 말을 할 수 있듯이, 색채를 잘 배열하는 것만으로 시적인 힘을 불러낼 수 있다는 것을 네가 이해할 수 있을지는 모르겠다. 마찬가지로 화면 전체에 반복되어 나타나는 이상한 선들은 정원을 단순히 닮게 그리려고 한 데서 나온 게 아니라 꿈에서 본 듯한 광경, 현실보다 더 낯선 정원을 그린 거야."

10

"그건 그렇고, 이번 습작 두 점은 상당히 재미있단다. 하나는 붉은 타일 바닥 위에 놓인, 나무와 밀짚으로 구성된 전체가 노란 의자(낮 시간)야. 다른 하나는 붉은 색과 녹색으로 그린 고갱의 의자로 앉는 부분에 소설 두 권과 불 켜진 초가 놓여 있지. 밤의 효과를 표현한 것이고 천 부분은 두껍게 칠했어."

이 그림은 반 고흐가 그린 그의 친구이자 동료 화가인 폴 고갱의 초상화를 대신한다. 의자 위에 놓인 현대 소설과 불타는 양초는 고갱의 성품, 왕성한 창조력과 번뜩이는 영감을 상징한다. 이 작품과 함께 그린 고흐 자신의 소박한 의자와 대조적인데, '빈 의자'가 보여주는 두 화가의 지극히 상반된 개성은 낮과 밤이 서로 다른 것에 비유할 수 있을 정도였다. 몇 년 뒤 고흐는 자신에게 호의적인 기사를 쓴 프랑스의 작가이자 예술 비평가인 가브리엘 알베르 오리에에게 보낸 편지에서 이 상징적인 초상화를 언급한다.

"고갱, 그 호기심 많은 화가 (…) 정신병원에 입원하는 바람에 그와 헤어지기 불과 며칠 전, 저는 '그의 빈 의자'를 그리고 있었습니다. 칙칙한 적갈색 나무와 녹색 시트로 이루어진 팔걸이의자의 습작이에요. 부재하는 주인의 자리는 불 밝힌 양초와 현대 소설 몇 권이 차지하고 있습니다. 기회가 된다면, 그를 떠올리며, 부디 그 전체적으로 색조가 엉망인 붉은색과 녹색 의자를 다시 한 번 봐주세요. 그러면 당신의 기사가 좀 더 정확했어야 했고, 따라서 좀 더 강한 어조여야 했음을 알아차릴 겁니다. 미래의 '열대 지방 그림'과 색채 문제를 다루는 데 있어서 저를 이야기하기 전에 고갱과 몽티셀리를 먼저 충분히 평가해야 했어요."

고갱의 의자 Gauguin's Chair
빈센트 반 고흐 Vincent van Gogh(1853-1890년)
아를, 1888년 11월, 캔버스에 유채, 90.5×72.7cm
반 고흐 미술관, 암스테르담

고흐의 소박한 나무 의자는 양파 상자가 있는 실내의 붉은 타일 바닥 위에 덩그러니 놓여 있다. 밀짚으로 만든 시트에 무심히 올려진 것은 고흐가 늘상 지니고 다니던 파이프 담배와 담배 주머니다. 이것과 한 쌍인 고갱의 팔걸이의자와 비교하면, 고갱의 의자는 대도시 파리의 중산층 가정에서 흔히 사용할 법한 것이고, 고흐의 의자는 시골 농가에서 노동의 지친 몸을 받쳐주는 용도를 지닌 듯 보인다. 고흐는 고갱과 함께하는 이상적인 예술 공동체를 꿈꿨으나, 두 화가의 성격, 관심사, 스타일 등이 너무도 다르다는 것을 노란 집에서 같이 생활하기 시작하자마자 서로 깨달았다. 고갱은 고흐보다 다섯 살이 많았고 최신 유행을 선도하는 대도시 출신이다. 고흐는 작은 시골 교회 목사의 아들로 태어나 한때 광적인 신앙심에 사로잡혀 지냈다. 예술을 향한 열정은 같았으나 그 방향이 너무도 달랐고, 이는 결코 타협될 수 없는 문제였다.

고갱의 '빈 의자'가 고흐가 그린 고갱의 초상화라면, 고흐의 '빈 의자'는 고흐의 자화상이다. 물감을 두텁게 바른 고흐의 의자는 프랑스 남부 아를에서 고흐가 반한, 눈부신 햇살을 닮은 선명한 노란색이다. 멋 부리지 않고 기본 역할에 충실한 채 견고하게 버티고 선 의자를 통해 고흐는 무엇을 말하고 싶었을까?

고흐의 의자 Van Gogh's Chair
빈센트 반 고흐 Vincent van Gogh(1853-1890년)
아를, 1888-1889년, 캔버스에 유채, 91.8×73cm
런던 내셔널 갤러리

아를의 무도회장 The Dance Hall in Arles
빈센트 반 고흐
Vincent van Gogh(1853-1890년)
아를, 1888년 12월, 캔버스에 유채, 65×81cm
오르세 미술관, 파리

고갱과 함께 지내던 시기에 그린, 고갱의 영향을 반영하는 또 하나의 중요한 작품이다. 아를의 무도회장 '폴리아를레지엔느'의 분위기를 잘 보여주는 이 그림은 공간을 간결하게 구획하고 형태를 단순화, 평면적으로 칠하며 검은 윤곽선 처리를 하는 고갱의 클루아조니슴 기법이 두드러진다. 여기에 전경에 확대해서 그린 여인들의 머리 장식 같은 것은 일본 미술에서 영감받은 것이다.

뒤통수만 보이거나 간단한 얼굴 윤곽으로만 표현된 인물들을 포개지듯 겹쳐 그림으로써 발 디딜 틈 없는 혼잡한 무도회장의 분위기를 보여주고 있다. 그리고 그 와중에 화면 오른쪽에서 관객을 향해 얼굴을 돌린 룰랭 부인의 얼굴만 확연히 알아볼 수 있게 그렸다.

노란 집에서의 고갱과 고흐의 공동 생활은 점점 험악해졌고, 결국 고갱은 파리로 돌아가기로 결심했다. 고갱은 테오에게 다음과 같은 편지를 보내 자신의 생각을 밝혔다.

"팔린 그림 값의 일부를 보내준다면 대우 고맙겠네. 모든 것을 고려해본 바, 어쩔 수 없이 파리로 돌아가는 게 좋겠다고 결정했거든. 빈센트와 나는 절대로, 아무 문제를 일으키지 않은 채 같이 살 수 없어. 정반대의 기질 때문인데, 우리 두 사람은 작품에만 몰두할 수 있도록 평온할 필요가 있네. 그는 놀라운 지성의 소유자이고, 내가 대단히 존경하는 이, 그를 떠나는 것을 후회하게 만들 친구란 걸 알고 있어. 그렇더라도, 다시 말하지만 어쩔 수 없다네."

10

"마르세유인들이 부이야베스를 먹는 열정으로 그림을 그리고 있는데, 모두 커다란 해바라기 그림이라고 해서 네가 놀라지는 않으리라 생각한다. 세 점을 동시에 그리고 있는데, 하나는 밝은 배경에 커다란 해바라기 세 송이가 녹색 화병에 꽂혀 있고, 다른 하나도 해바라기 세 송이를 그렸지만 그중 한 송이는 이미 져서 씨만 남은 형태이며 배경은 로열 블루로 칠했어. 또 한 작품은 노란 화병에 꽂힌 해바라기 열두 송이인데, 밝게 빛나는 이 그림이 가장 멋질 것으로 기대한단다. 어쩌면 여기서 끝내지 않을 수 있어, 고갱과 함께 우리들만의 작업실에서 살아갈 희망으로 작업실을 꾸미고 싶어졌거든. 커다란 해바라기들로만 말이야."

반 고호의 해바라기 그림이야말로 그의 작품 가운데 가장 유명하다. 그는 프랑스 남부 아를에서 머물던 시기에 해바라기 그림을 집중적으로 그렸는데, 커다란 캔버스에 그린 다섯 점은 화병에 꽂힌 해바라기를 노란색을 세 단계로 변화를 주어 칠했다. 이로써 고호는 단일한 하나의 색깔을 다채롭게 변주하더라도 감동의 힘은 그대로 유지될 수 있음을 증명해 보였다.

해바라기 그림은 고호 자신에게 특별한 의미를 지녀, 한 편지에서 '해바라기는 감사의 마음을 전한다'라고 쓰기도 했다. 그는 처음에 그린 해바라기 그림 두 점을 아를의 노란 집에서 함께 지내고자 온 친구, 폴 고갱의 방에 걸어 장식했다. 이를 본 고갱은 "해바라기는 전적으로 빈센트 그 자신이다"라고 말할 정도로 깊은 인상을 받았다.

이후 파리로 돌아간 고갱은 그와 함께 지내던 시기에 고호가 새롭게 그린 해바라기 그림 가운데 한 점을 선물로 주면 좋겠다고 요청했다. 망설이던 고호는 결국 그 작품의 모사본을 그려 고갱에게 보내주었다.

해바라기 Sunflowers
빈센트 반 고호 Vincent van Gogh(1853-1890년)
아를, 1889년 1월, 캔버스에 유채, 95×73cm
반 고호 미술관, 암스테르담

1888년 12월 23일 저녁, 고흐와 고갱 사이의 거친 언쟁이 도를 넘어 급기야 폭력적인 상황으로 치달았다. 극도로 흥분해 이성을 잃은 고흐가 면도칼을 들고 고갱을 위협했고, 고갱은 노란 집에서 뛰쳐나가 달아났다. 아침에 집으로 돌아온 고갱은 집 안 곳곳에 피가 흩뿌려져 있음을 발견했다. 고흐는 잘린 왼쪽 귓불에서 너무 많은 피를 쏟아 병원으로 옮겨져 사경을 헤매고 있었다. 다행히 고흐는 정신을 차렸지만 전날 밤에 무슨 일이 벌어졌는지 아무것도 기억하지 못했다. 고갱은 즉시 파리로 떠났다. 전보를 받고 파리에서 달려온 동생 테오가 약혼자에게 보낸 편지에는 형에 대한 안타까움이 가득하다.

"내가 함께 있는 동안 형은 잠깐씩 정신을 차리는 것 같았지만 곧 그의 음울한 철학과 신학의 세계로 빠져들었다오. 형의 옆에 있는 것은 고통스러울 만큼 슬펐소. 왜냐하면 속에서 엄청난 비통함이 차오를 때마다 형은 울어보려 했으나 그조차 할 수 없었기 때문이오. 불쌍한 전사, 불쌍한, 너무도 불쌍한 환자라오. 지금 어떤 것도 그의 괴로움을 덜어줄 수 없는데, 그가 견뎌내기에는 너무 심각하고 어려운 상황이오. 속을 털어놓을 수 있는 사람을 한 번이라도 만났더라면 절대 이 지경까지 오지는 않았을텐데."

퇴원한 지 얼마 되지 않아 고흐는 거울에 비친 자신의 모습을 그렸다. 까만 털이 달린 파란 모자 아래 귀에는 붕대가 감겨 있고 녹색 코트를 입고 있다. 뒤로는 빈 캔버스와 실제 작업실 벽에 붙여둔 일본 판화 그림이 보인다. 차분하게 프레임 밖으로 시선을 보내는 고흐는 무슨 생각에 빠져 있을까?

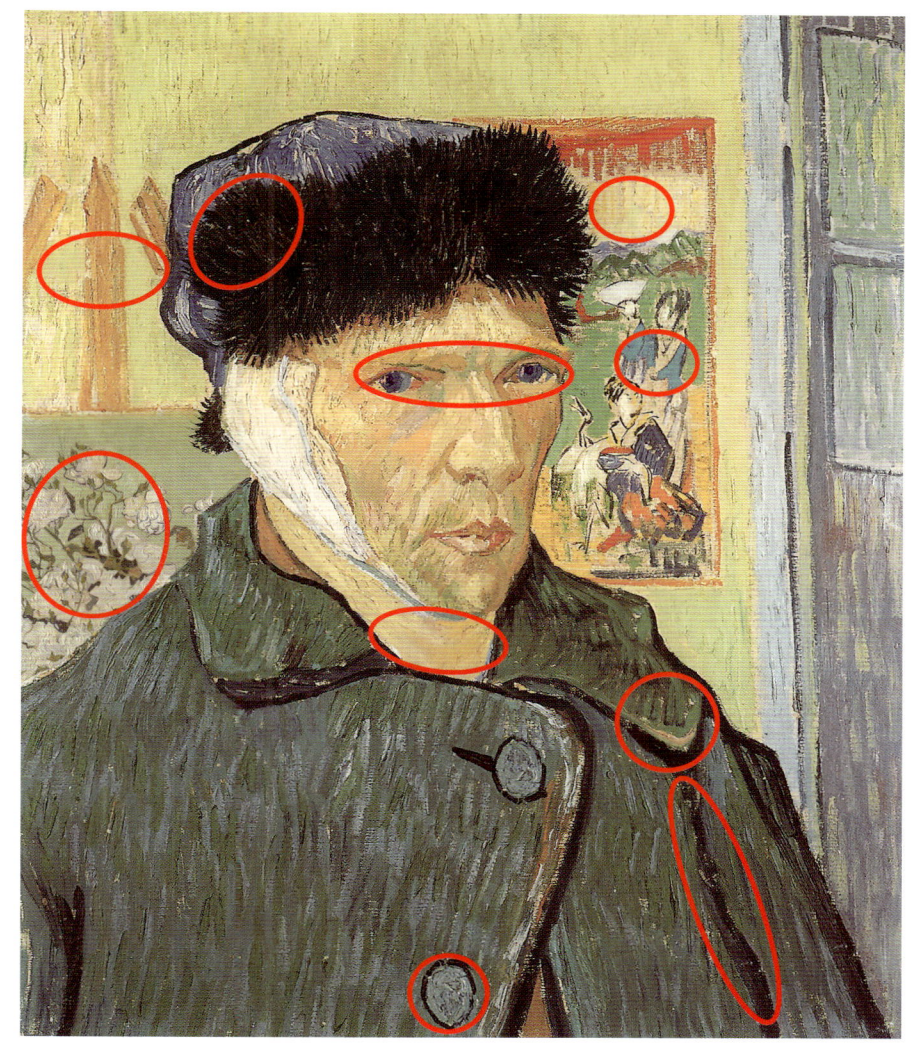

귀에 붕대를 감은 자화상 Self-Portrait with Bandaged Ear
빈센트 반 고흐 Vincent van Gogh(1853-1890년)
아를, 1889년, 캔버스에 유채, 60.5×50cm
코톨드 미술관, 런던

10

입에 문 파이프 담배에서 연기가 피어 오른다. 그 때문인지 좀 더 나이가 들어 보인다. 이때 고흐는 서른여섯 살. 비슷한 시기에 그린, 뒤로 일본 판화가 보이는 붕대를 감은 자화상과 비교해봐도 같은 털모자를 쓰고 같은 외투를 걸쳤음에도 분위기가 제법 다르다. 서른여섯 해를 살아오는 동안 고흐는 많이 힘들었던 듯 지쳐 보인다. 타고난 성정 때문이든 자란 환경 때문이든, 그는 인생의 쓰라림을 남보다 더 많이 겪었거나 아니면 고난을 이겨 나갈 힘이 없었거나 그 방향을 잘못 설정해 늘 인정 받지 못하고 이해 받지 못한 채 고독하게 지냈다. 거기에 남들보다 더 섬세한 예민함, 더 깊은 감수성, 더 불타오르는 열정이 그를 뒤흔들었다. 이십 대 후반이 되어서 전업 화가의 길로 들어선 그가 세상을 떠나기 전까지 대략 십 년 동안 그린 그림들은 유화 작품만 9백여 점, 가벼운 스케치 등을 모두 합하면 2천여 점에 이른다. 무시무시한 창작력을 발휘하게 한 그의 정열을 예술 아닌 다른 분야에서 감당할 수 있었을까?

추운 겨울날, 귀에 붕대가 칭칭 감긴, 거울 속 자기 얼굴을 물끄러미 보았을 고흐를 떠올려보자. 오매불망 기다리던 친구와의 공동 생활은 그를 피투성이로 남긴 채 9주 만에 끝났다. 믿고 의지하며 함께 예술에 매진할 줄 알았던 친구는 그를 떠나버렸다. 다시 혼자가 된 고흐는 무엇을 보고, 무엇을 향해, 무엇을 위해 살아가기로 할까?

귀에 붕대를 감고 파이프를 문 자화상
Self-Portrait with Bandaged Ear and Pipe
빈센트 반 고흐 Vincent van Gogh(1853-1890년)
아를, 1889년, 캔버스에 유채, 51×45cm
개인 소장

15

조제프 룰랭은 아를 역에서 일하는 우체부다. 반 고흐는 파리에 있는 동생에게 편지와 함께 그림들을 보내러 자주 우체국에 들르곤 했기에 룰랭과 무척 친해졌다. 그는 테오에게 보낸 한 편지에서 룰랭을 다음과 같이 묘사했다.

"그는 지독하지 않고 우울하지 않고 완벽하지 않고 행복하지 않고 또한 아주 정직하지도 않아. 그러나 좋은 친구야. 매우 현명하고 감정을 살필 줄 알고 믿음직한 친구지."

늘 그림의 모델을 찾던 고흐는 1888년 8월에서 1889년 4월 사이에 조제프의 초상화를 여섯 점이나 그렸다. 그중 세 작품의 배경에 꽃을 그려 넣었으며, 이 초상화의 배경은 개양귀비, 데이지, 수레국화, 장미 같은 여름 꽃들로 채워졌다. 조제프의 얼굴이나 일정하게 구불거리는 선으로 표현한 풍성한 수염에 비해 보면 꽃들은 상당히 정확하게 묘사했다.

조제프의 가족들도 고흐의 모델이 되었는데, 그의 아내 오귀스틴과 세 아이들을 그린 룰랭 가족의 초상화는 스무 점 가까이에 이른다.

조제프 룰랭의 초상 Portrait of Joseph Roulin
빈센트 반 고흐 Vincent van Gogh(1853-1890년)
아를, 1889년, 캔버스에 유채, 65×54cm
크뢸러뮐러 미술관, 오테를로

붓꽃 Irises

빈센트 반 고흐
Vincent van Gogh(1853-1890년)
생레미, 1889년 5월
캔버스에 유채, 71.1×93cm
J. 폴 게티 미술관, 로스엔젤레스

1889년 5월, 고흐는 스스로 아를을 떠나 생레미의 정신병원으로 들어가기로 결정했다. 그리고 그곳에서 보낸 1년, 즉 세상을 떠나기 전 1년 동안 그는 거의 130점에 가까운 그림을 그리며 열정을 불태웠다. 병원에 들어간 직후 그는 이 붓꽃 그림을 그리기 시작했다. 병원의 정원에서 직접 그린 이 화면의 잘린 구도, 활짝 핀 붓꽃 무리의 생생하면서 평면적인 색채는 장식적이고 도식화된 일본 판화를 연상시킨다.

이 그림에서는 색채에서나 붓 터치에서나 구도에서나, 고흐의 후기 그림에서 자주 보이는 극도의 긴장감이 보이지 않는다. 당시 고흐는 잠시나마 안정을 찾으며, 그림이야말로 병이 자신을 괴롭히는 걸 막아주는 '피뢰침' 같은 것이기에 계속 그림을 그림으로써만 미치지 않을 수 있다고 생각했다.

테오는 이 그림의 진가를 바로 알아보았고, 1889년 9월에 열린 살롱데쟁데팡당에 이를 출품했다. "형, 〈붓꽃〉은 멀리서도 모두의 눈길을 사로잡아. 분위기와 생명감이 충만한 진정 아름다운 그림이야." 테오의 감격이 고스란히 담긴 편지가 정신병원에 있는 고흐에게 기쁨과 위안을 주었을 것이다.

〈붓꽃〉을 처음 소유한 사람은 초기부터 고흐를 후원한 프랑스의 예술 비평가 옥타브 미라보로, 이 작품을 보고 이렇게 말했다. "꽃의 강렬한 본성을 어쩜 이렇게 잘 이해할 수 있을까!"

별이 빛나는 밤 The Starry Night
빈센트 반 고흐
Vincent van Gogh(1853-1890년)
생레미, 1889년 6월
캔버스에 유채, 73.7×92.1cm
뉴욕 현대 미술관

"오늘 아침 해가 떠오르기 전 창문을 통해 오랫동안 마을을 바라보았다. 정말 크게 빛나는 별 말고는 아무 것도 없었지."

반 고흐의 대표작으로 손꼽히는 별이 빛나는 밤. 두툼하고 힘찬 곡선을 이루며 돌아가는 붓 터치, 불꽃처럼 타오르는 사이프러스가 하늘에서 소용돌이치며 하나가 되고 있는데, 그 아래 마을은 무척 조용하다. 커다랗게 빛나는 별을 보고 떠올린 상상과 기억이 고흐의 내면적이고 주관적인 표현으로 터져나온 것이다. 마을 풍경 또한 실제가 아닌 상상의 산물로, 고향 네덜란드를 연상시킨다.

"별을 바라보고 있는 동안 나는 늘 꿈을 꾼다."

어느 새벽 그의 눈에 들어온 반짝이는 별을 있는 그대로 또는 그것이 주는 '인상'을 재빨리 포착해서 그린 게 아니다. 고흐는 고요하고 어두운 새벽에, 세상 만물이 모두 아직 깊은 잠에서 깨어나지 않은 시간에 자신처럼 깨어서 강렬한 빛을 내뿜는 별을 보고 받은 느낌을 '표현'하고 있는 것이다. 폭발하며 휘돌아가는 별들의 에너지를 강렬한 색채와 결코 멈추지 않고 계속될 것만 같은 기운찬 붓질에 담았다. 고흐를, 뒤이은 모든 표현주의 그림의 기준을 제시한, 표현주의의 선구자로 만든 결정적인 작품이다.

사이프러스가 있는 밀밭
Wheat Field with Cypresses
빈센트 반 고흐
Vincent van Gogh(1853-1890년)
생레미, 1889년 6월
캔버스에 유채, 73×93.3cm
메트로폴리탄 미술관, 뉴욕

생레미의 정신병원에 입원해 있는 동안 고흐는 밀밭 그림을 여러 점 그렸으며, 특히 사이프러스를 함께 그린 서로 닮은 그림이 세 점 있다. 고흐는 당시에 그린 여름 햇살이 가득 내리쬐는 이들 그림을 자신의 여름 풍경화 중에서 '최고'의 작품으로 손꼽았다.

이 작품이 그중 하나인데, 잘 익은 황금빛 밀밭이 전경에 펼쳐져 있고 오른쪽에 어두운 원뿔 모양의 사이프러스가 마치 녹색 오벨리스크처럼 서 있다. 밀밭 사이에는 옅은 녹색 올리브 나무가 있고 뒤로는 언덕과 산, 위로는 흰 구름이 흘러가는 하늘이 있다. 한창 사이프러스에 매혹되어 있던 고흐는 하늘의 별이 소용돌이치는 〈별이 빛나는 밤〉을 끝내자마자 바로 이 그림을 그렸다. 그리고 그는 이 풍경과 가까운 야외에서 그림을 그렸는데, 병원 내부에서 벗어나 밖으로 나가는 게 허용된 덕분이었다.

하늘과 나무들과 밀밭과 꽃 모두 물감을 두껍게 바르고, 짧고 길고 휘어지는 힘찬 붓 터치를 적절하게 변화시키며 맑은 여름날의 풍경을 완성해냈다. 하늘의 흰 구름 소용돌이가 꿈틀대기는 하지만, 비슷한 시기의 그려진 동일 주제 작품과 비교했을 때 상당히 안정되고 차분한 느낌을 전한다.

생레미 병원의 정원
Le parc de l'hôpital, à Saint-Rémy

빈센트 반 고흐 Vincent van Gogh(1853-1890년)
생레미, 1889년 11월, 캔버스에 유채, 75×93.5cm
폴크방 미술관, 에센

"내가 있는 정신병원의 정원은 이렇다네. 오른쪽에는 회색 테라스, 건물, 거의 꽃이 진 장미 덤불이 있고 왼쪽에는 붉은 황토, 태양빛에 그을린 흙 위로 소나무 잔가지들이 떨어져 있어. 여기에 붉은 둥치와 가지가 뻗어 난 커다란 소나무들이 자라고 있는데 그 녹색 잎은 검은색이 섞여 칙칙하고 우울하지. 이 키 큰 나무들은 노랗게 물든 가운데 보라색이 섞인 저녁 하늘을 배경으로 무척 두드러져 보여. 높은 하늘로 갈수록 노란색은 분홍색으로, 또 녹색으로 변해가네. 붉은 황토색 담장이 시야를 가로막는데, 사실 그 너머에는 보라색, 노란색 언덕밖에는 없어. 자, 맨 앞 나무의 우람한 둥치를 보게나, 번개를 맞아 잘려나간 거라네. 그런데 바로 옆 가지는 몸을 뒤틀며 매우 높게 뻗어 짙은 녹색 가지들 쪽으로 다시 늘어지고 있어.

잘난 이가 몰락해버린 것 같은 이 짙은 둥치는 그 앞에서 시들어가는 장미의 창백한 미소와 대비되지. 나무 아래 놓인 돌 벤치는 비어 있고, 하늘은 비가 지나가고 남긴 웅덩이에 노란색으로 반사되고. 저물어가는 햇빛이 어두운 황토를 오렌지색으로 물들이며, 작은 인물들이 나무 둥치 사이를 걷고 있네. 베르나르, 넌 이해하겠지. 붉은 황토, 회색이 더해져 우울함이 감도는 녹색, 검은 윤곽선이 어우러져 만드는 조화를 말이야. 이는 병원에 함께 있는 내 동료들이 고통 받곤 하는 두려움과 불안감을 불러일으킨다네. 더구나 번개를 맞은 거대한 나무 둥치 모티프, 마지막으로 피어난 가을 꽃들의 병약해 보이는 녹색과 분홍색 미소가 이런 생각을 더 확고하게 만들지." - 1889년 11월 26일, 에밀 베르나르에게 보낸 편지

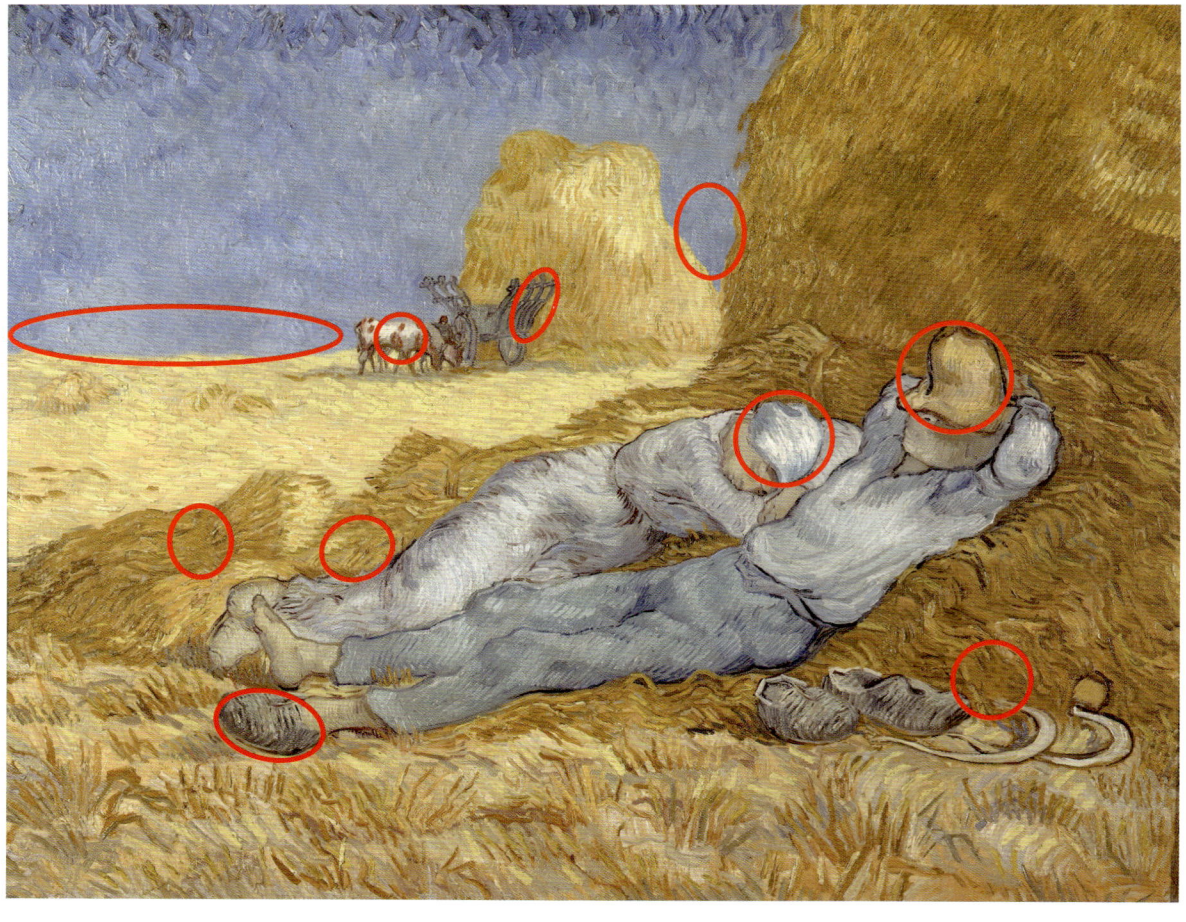

휴식(밀레 모사화) **The siesta**(after Millet)
빈센트 반 고흐 Vincent van Gogh(1853-1890년)
생레미, 1889년 12월-1890년 1월
캔버스에 유채, 73.3×91cm
오르세 미술관, 파리

추운 겨울이 찾아오자 반 고흐는 야외에서 작업하는 대신 실내에 머물며 그가 좋아하는 예술가들의 작품을 따라 그리는 데 몰두했다. 외젠 들라크루아의 〈피에타〉를 시작으로 이 몇 달 간 그는 오노레 도미에, 렘브란트 등의 작품 30여 점을 모사했으며, 그중 21점이 그가 가장 좋아하고 많은 영향을 받은 화가 장 프랑수아 밀레의 그림이었다. 고흐의 붓으로 다시 그려진 것들은 단순 모사라기 보다 주제와 구성에 있어 고흐 자신만의 원근법, 색채, 화법으로 새롭게 해석하고 새로운 의미와 감동을 부여한 것들이다. 동생 테오는 이 모사화 연작을 고흐의 최고의 작품에 속한다며 찬사를 보냈다.

"무심코 밀레의 작품들을 모사하기 시작했는데, 이제 나는 알고 있어. 내가 그들에게서 배우고 있다는 것을. 그리고 그들이 나를 편안하게 해준다는 것을 말이야. 내 붓은 바이올린의 줄 위를 오르내리는 활처럼 전적으로 내 기쁨을 위해서만 움직인단다."

밀레를 '마네보다도 더 현대적인 화가'로 여긴 고흐는 밀레의 〈휴식〉의 기본 구성에 특히 색채를 더해, 파란색-보라색과 노란색-오렌지색이 이루는 보색대비가 화면 전체에 깔려 있다. 이로써 고된 노동의 틈에 꿀맛 같은 휴식을 취하는 평화로운 화면에 고흐의 개성이 만들어낸 긴장감과 강도가 뿜어져 나오고 있다.

아몬드 꽃 Almond Blossom
빈센트 반 고흐
Vincent van Gogh(1853-1890년)
생레미, 1890년 2월
캔버스에 유채, 73.3×92.4cm
반 고흐 미술관, 암스테르담

1890년 1월 31일, 테오는 고흐에게 아들이 태어났음을 알리는 편지를 보냈다. "내가 이미 말한 것처럼, 형의 이름을 따서 '빈센트 빌럼'이라는 이름을 지어 줬어. 형을 닮아 확고한 정신을 지닌, 용기 있는 사람이 되기를 바라며 말이야." 고흐는 조카의 탄생을 기뻐하며 즉시 자신이 좋아하는 주제인 파란 하늘을 배경으로 피어난 아몬드 꽃을 그려서 동생 부부에게 선물했다.

이른 봄에 피어나는 봄의 전령 같은 아몬드 꽃은 새로운 삶, 생명을 상징한다. 고흐는 일본 판화 기법에서 가져온 구도를 이용해 두툼한 윤곽선으로 나무를 그렸다. 눈이 부시게 파란 하늘에서 움트는 생명의 기운이 온 가족을 감싸 안기를 바라는 고흐의 정성은 이후 오래도록 고흐 가족 안에 머물렀다. 빈센트 반 고흐의 조카 빈센트 빌럼은 네덜란드 암스테르담에 삼촌의 삶과 예술 열정을 추모하는 반 고흐 미술관을 세웠다.

5

"여전히 사이프러스 나무에 사로잡혀 있어. 해바라기를 그릴 때처럼 사이프러스를 그리고 싶단다. 사이프러스만큼 나에게 놀라움을 안겨주는 것은 없어. 그 선과 비례감은 이집트인의 오벨리스크에 비견될 정도로 아름다워. 그리고 그 녹색은 정말 기품 있지."

고흐에게 사이프러스는 프로방스 자체를 상징했다. 생레미 정신병원을 떠나기 전 고흐가 마지막으로 그린 그림도 사이프러스 나무가 있는 프로방스의 밤 풍경이었다. 그러나 이는 현실에 존재하는 풍경이기 보다는 생레미에서의 마지막 기억으로, 그리고 프로방스에서 지낸 동안 그가 받은 모든 느낌, 감각, 인상의 집약으로 그가 구성해서 그린 풍경이다.

생레미에서 지낸 1년 동안 고흐는 1백 점이 넘는 작품들에서 우아한 형태와 소용돌이치는 선들로 구성하는 화면을 실험했고, 그러한 실험의 최종 버전이 바로 이 작품이라고 할 수 있다. 짧고 리듬감 있는 물결 모양의 붓 터치가 온 화면을 덮어, 달이 떠오른 고요한 시골 밤에 역동적인 느낌을 부여하고 있다.

프로방스의 밤 시골길 Country road in Provence by night
빈센트 반 고흐 Vincent van Gogh(1853-1890년)
생레미, 1890년 5월, 캔버스에 유채, 92×73cm
크뢸러뮐러 미술관, 오테를로

1890년 5월 중순, 반 고흐는 1년여 동안 입원해 있던 생레미 정신병원을 나와서 파리에 있는 테오의 집으로 갔다. 테오와 그의 부인 조, 그리고 어린 조카와 단 3일을 함께 지낸 후 파리 북서쪽의 오베르쉬르우아즈로 떠났다. 그곳에는 테오가 추천한 의사 폴 가셰 박사가 있었다. 가셰 박사의 첫인상은 그리 좋지 않았다. 그를 처음 만나고 온 후에 테오에게 쓴 편지에서 이렇게 말했다. "가셰 박사는 고려하지 않는 편이 좋겠어. 우선 그는 나보다 더 아파 보이더구나. 아니면 적어도 나와 같은 정도인 듯했어. 한 장님이 다른 장님을 이끈다면 두 사람 모두 도랑에 빠지지 않을 리 있겠니?"

그러나 며칠 뒤에 보낸 편지에서는 가셰 박사와 꽤 친해졌으며 그의 초상화를 그리고 있음을 알린다. "가셰 박사는 분명 아파 보이고 혼란스러워 보인단다. 그는 나이가 들은 데다 몇 년 전에 아내를 잃었다고 하더구나. 그렇지만 그는 분명 의사이고 그의 직업과 신념이 그를 지탱해 가고 있어. 우리는 이미 절친한 친구가 되었지. 우연히 그가 몽펠리에의 브뤼야를 알고 있고 브뤼야가 현대 미술사에서 중요한 역할을 한 이라는 점을 나와 마찬가지로 인정하고 있다는 것을 알게 되었어. 나는 요즘 하얀 모자를 쓴 그의 초상화를 그리고 있단다. 무척 환하고 밝은 얼굴에 손까지도 옅은 카네이션 색이야. 그는 파란 프록코트를 입었고 배경도 코발트 블루지. 붉은 탁자에 기대어 있는 그의 앞에는 디기탈리스가 놓여 있어. 이 그림에 흐르는 감정은 내가 이곳으로 떠나올 때 그린 내 자화상과 같은 것이란다."

초상화를 다 그린 후 누이에게 보낸 편지에는 "우울한 표정을 한 가셰의 초상화를 막 끝냈어. 그 초상화를 보면 누구든 얼굴이 찌푸려지는 바로 그런 표정을 하고 있단다"라며, 이게 바로 우리 시대의 외로움을 말하는, 현대인의 얼굴이라고 했다.

폴 가셰 박사 Le docteur Paul Gachet
빈센트 반 고흐 Vincent van Gogh(1853-1890년)
오베르쉬르우아즈, 1890년, 캔버스에 유채, 68×57cm
오르세 미술관, 파리

파리 외곽의 오베르쉬르우아즈에서 고흐가 머문 기간은 두 달 정도인데, 이 시기에 그는 70여 점의 그림을 완성했다. 말하자면 하루에 한 점 이상을 그린 것이다.

"마을의 교회를 아주 큰 화면에 그렸단다. 하늘을 짙고 순수한 코발트 블루로 칠해서 교회 건물이 보랏빛을 띠도록 했고, 스테인드글라스 장식창은 울트라마린 블루 조각처럼 보이게, 지붕은 일부는 오렌지색, 일부는 보라색으로 칠했어. 전경에는 작은 꽃을 피운 화초들이 자라고 밝은 분홍색 모랫길이 이어지지. 예전에 누에넨에서 그린, 오래된 교회의 탑과 묘지 그림과 거의 같은데 단지 이번에는 색깔을 좀 더 표현적으로, 더 다양하게 만들었단다."

누이에게 보낸 편지에서 묘사한 교회 그림이 바로 이것으로, 13세기에 초기 고딕 양식으로 지어진 오래된 교회를 보며 고흐는 고향 네덜란드를 떠올려 이 그림을 그린 것으로 보인다. 예전의 추억이 덧씌워진 교회는 그러므로 사실적인 이미지를 충실히 재현한 것이 아닌, 교회의 분위기가 자아내는 형태를 고흐의 개성적인 표현으로 해석한 것이다.

누에넨의 오래된 교회의 탑
The Old Church Tower at Nuenen
빈센트 반 고흐 Vincent van Gogh(1853-1890년)
누에넨, 1885년
캔버스에 유채, 65x80cm
반 고흐 미술관, 암스테르담

오베르쉬르우아즈의 교회
The Church in Auvers-sur-Oise, View from the Chevet
빈센트 반 고흐 Vincent van Gogh(1853-1890년)
오베르쉬르우아즈, 1890년 6월 , 캔버스에 유채, 94×74cm
오르세 미술관, 파리

까마귀 나는 밀밭 Wheatfield with Crows
빈센트 반 고흐 Vincent van Gogh(1853-1890년)
오베르쉬르우아즈, 1890년 7월, 캔버스에 유채, 50.5×103cm
반 고흐 미술관, 암스테르담

"조(테오의 아내)의 편지는 진정 복음처럼, 함께 지내는 동안 우리 모두 어렵고 힘들었던 것 때문에 괴로워하던 나를 구원해 주었어. 우리의 생계가 위험에 처해 있고, 또한 다른 이유로 우리의 건강마저 허약해져 있다고 느끼는 것은 무척 중요한 문제란다.

돌아온 후에 나는 줄곧 큰 슬픔에 빠져 지냈고, 너희를 위협하는 거친 폭풍우가 내내 마음에 걸렸어. 명랑한 기분을 유지하려고 하는 것 말고 무엇을 할 수 있겠니, 내 삶이란 게 근본적으로 공격을 받아 비틀비틀 불안정하게 걸어갈 뿐인데 말이야. 너희 돈으로 살아가는 내가 바로 너희를 위협하는 존재라는 것을 걱정하고 있었는데, 나도 일을 하고 힘겹게 살아간다는 걸 너희가 이해하고 있다는 것을 조의 편지로 분명히 알 수 있었어. 이곳으로 와서 다시 일을 시작했단다. 거의 붓을 제대로 쥘 수 없는 형편이지만 내가 원하는 것을 명확하게 알기에 커다란 캔버스 세 개어 그림을 그리고 있어. 사나운 하늘 아래 광활하게 펼쳐진 밀밭이야. 슬픔을 표현하고자, 지극한 외로움을 표현하고자 애쓰는 거란다. 너희도 곧 이 그림을 볼 수 있을 거야, 가능한 빨리 파리로 보내려 하거든. 왜냐하면 내가 말로 전할 수 없는 것을, 내가 전원 생활을 건강에 이로우며 용기를 북돋워 주는 것으로 여기고 있음을 이 캔버스들이 너희에게 말해줄 수 있다고 믿기 때문이야."

1890년 7월, 고흐가 세상을 떠나기 얼마 전에 그린 이 그림은 그의 마지막 작품으로 알려져 있었으나 실은 이것 이후에 그린 그림이 몇 점 더 있다. 사나운 폭풍우 구름이 하늘을 뒤덮고 세찬 바람이 밀밭을 마구 헤집자 까마귀들이 날아오른다. 밀밭 사이로 난 세 갈래 길은 어디로 이어지는지 알 수 없고, 까마귀들 또한 어디를 향해 날아가는지 알 수 없기에, 황량하고 거친 밀밭을 보는 이들까지 홀로 길 잃고 헤매는 고립감에 휩싸이게 한다. 검푸른 하늘과 짙노란 밀밭, 밭 사이를 가르는 붉은 길과 녹색 풀의 강렬한 색상 대비와 물감을 잔뜩 묻힌 붓의 힘찬 터치가 커다란 화면 전체를 가득 메운다. 지극한 슬픔, 외로움과 더불어 시골 생활의 활력을 함께 표현하고자 한 고흐의 의도가 정확하게 맞아떨어지고 있을까?

| 명화 속 틀린 그림 찾기 시리즈 | ## 흥미로운 퍼즐과 풍요로운 예술의 만남!

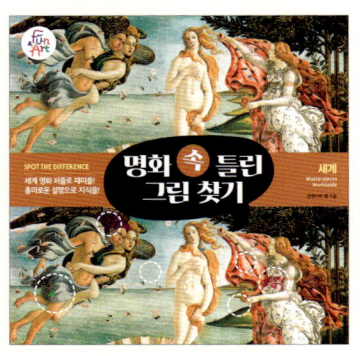

명화 속 틀린 그림 찾기 001
— 세계 Masterpieces Worldwide

편앤아트 랩 지음 | 96쪽 | 값 13,000원

동서양의 명화 30점을 엄선해 한 권에 담았다. 르네상스 시대의 걸출한 천재 다 빈치, 네덜란드 황금시대의 페르메이르, 짧은 생애만큼이나 강렬한 그림을 남긴 반 고흐, 모든 갈래에서 완벽한 화풍을 보인 김홍도, 비극적 삶마저 신화로 남은 이중섭까지, 시선을 사로잡는 세계 명화를 구석구석 누비는 동안 잠든 두뇌가 깨어나고 그림 보는 눈이 자라난다.

명화 속 틀린 그림 찾기 002
— 서양 Western Masterpieces

편앤아트 랩 지음 | 96쪽 | 값 13,000원

한 권의 책으로 드넓은 서양 미술의 바다를 항해한다. 상징과 기원으로 그려낸 중세 회화에서 출발해 피렌체에서 화려하게 꽃핀 르네상스 미술, 소박하고 현실적인 풍경을 담아낸 플랑드르 미술, 파리에서 태어나 유럽 전체로 퍼져나간 인상주의, 파격과 혁명으로 저마다의 길을 개척한 근현대 미술에 다다르기까지 미켈란젤로, 렘브란트, 고야, 밀레, 마티스 등 대가들의 작품이 길을 인도한다.

명화 속 틀린 그림 찾기 003
— 반 고흐 Vincent Van Gogh

편앤아트 랩 지음 | 96쪽 | 값 13,000원

강렬한 색감으로 조용히 소용돌이치는 불꽃들! 〈해바라기〉, 〈감자 먹는 사람들〉, 〈밤의 카페 테라스〉, 〈별이 빛나는 밤〉, 〈까마귀가 나는 밀밭〉, 〈자화상〉 등 오늘날 전 세계인들에게 가장 널리 사랑받는 화가 빈센트 반 고흐의 작품을 연대순으로 따라가며 화법의 변화를 살피고, 동생 테오와 주고받은 편지를 통해 그의 내면과 예술 세계를 함께 들여다본다.

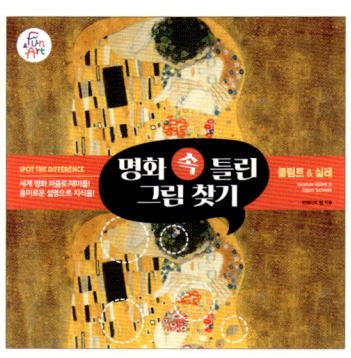

명화 속 틀린 그림 찾기 004
— 클림트 & 실레 Gustav & Schiele

편앤아트 랩 지음 | 96쪽 | 값 13,000원

찬란한 황금빛과 화려한 색채로 관능적인 여성, 성性과 사랑, 삶과 죽음을 그려낸 화가 클림트. 불안한 청춘의 고뇌를 성에 대한 강박, 고독, 죽음으로 풀어낸 에곤 실레. 때로는 스승과 제자로, 때로는 동료 예술가로 같은 시공간을 산 두 화가의 대표작을 통해 19세기 말, 20세기 초 화려함과 불안감이 뒤섞인 오스트리아 빈을 만난다.

번잡하고 따분한 일상에 단순한 몰입과 발견의 기쁨을 선물합니다.

명화 속 틀린 그림 찾기 005
– 신약 성경 New Testament

편앤아트 랩 지음 | 96쪽 | 값 13,000원

명화로 만나는 신약 성경. 천사가 성모 마리아에게 성령으로 잉태할 것을 알리는 수태고지부터 동방박사의 경배, 성 가족의 이집트 도피, 그리스도의 세례와 수난, 부활에 이르기까지 예수의 생애 전반을 다룬다. 틀린 그림 찾기를 통해 서양 미술은 물론 전 세계의 역사와 문화에 막대한 영향을 끼친 기독교의 상징들을 읽어내는 눈을 기른다.

명화 속 틀린 그림 찾기 006
– 구약 성경 Old Testament

편앤아트 랩 지음 | 96쪽 | 값 13,000원

명화로 만나는 구약 성경. 인류의 탄생을 그린 천지창조부터 시작해 아담과 이브의 에덴동산 추방, 대홍수와 노아의 방주, 바벨탑 건설, 이삭을 제물로 바친 아브라함, 애굽으로 팔려간 요셉, 이스라엘 민족의 이집트 탈출과 시나이 계약 등 구약 성경의 주요 사건과 다윗과 골리앗, 솔로몬, 삼손과 데릴라 등 성경 속 인물들의 이야기를 살펴본다.

명화 속 틀린 그림 찾기 007
– 우리 옛 그림 Korean Masterpieces

편앤아트 랩 지음 | 96쪽 | 값 13,000원

먹선 사이를 거닐며 우리의 옛 그림을 산책한다. 고려 시대의 불화부터 한반도의 강산을 옮겨놓은 산수화, 익살스러운 삶의 풍경을 담은 풍속화, 세밀하고 아기자기한 행렬도, 사람의 인품마저 풍겨 나오는 인물화, 살아 숨 쉬는 듯한 동물화와 온갖 신비로운 물건을 진열해둔 책거리까지, 국보와 보물을 아우르는 다채로운 한국화의 세계가 펼쳐진다.

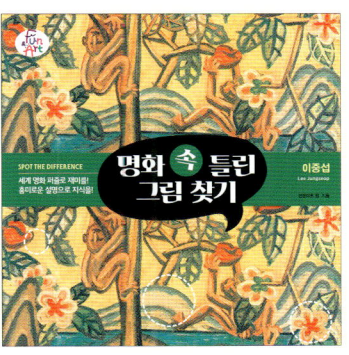

명화 속 틀린 그림 찾기 008
– 이중섭 Lee Jung Seop

편앤아트 랩 지음 | 96쪽 | 값 13,000원

명화로 만나는 구약 성경. 인류의 탄생을 그린 천지창조부터 시작해 아담과 이브의 에덴동산 추방, 대홍수와 노아의 방주, 바벨탑 건설, 이삭을 제물로 바친 아브라함, 애굽으로 팔려간 요셉, 이스라엘 민족의 이집트 탈출과 시나이 계약 등 구약 성경의 주요 사건과 다윗과 골리앗, 솔로몬, 삼손과 데릴라 등 성경 속 인물들의 이야기를 살펴본다.

명화 속 틀린 그림 찾기 003–반 고흐

초판	**1쇄 펴냄**	2022년 1월 20일
개정판	**1쇄 펴냄**	2024년 7월 10일

지은이 펀앤아트 랩
펴낸이 신민식 신지원
펴낸곳 도서출판 지식여행

출판등록 제2010-000113호
주소 서울시 마포구 토정로 222 한국출판콘텐츠센터 419호
전화 영업(휴먼스토리) 070-4229-0621 편집 02-333-1122
팩스 02-333-4111
이메일 editor@jisikyh.com

ISBN 978-89-6109-538-9 14650
978-89-6109-535-8 14650 (세트)

* 책값은 뒤표지에 적혀 있습니다.
* 잘못된 책은 구입한 곳에서 바꾸어 드립니다.
* 이 책의 전부 또는 일부 내용을 재사용하려면 사전에 도서출판 지식여행의 동의를 받아야 합니다.